Rivales ou amies

Shere Hite

Rivales ou amies

Le nouveau Rapport Hite sur les femmes d'aujourd'hui

Traduit de l'anglais
par Lydie Cavaillac

Albin Michel

WOMEN WITH WOMEN

Publié par Europa Verlag GmbH, Munich, Vienne, 1997
sous le titre : WIE FRAUEN FRAUEN SEHEN

Traduction française :

22, rue Huyghens, 75014 Paris

ISBN : 2-226-10703-7

Préface

Les femmes sont-elles « nées rivales » ou est-ce une idée dépassée ? Que pensent-elles aujourd'hui les unes des autres – en amitié, au travail, à la maison ?

Si depuis vingt-cinq ans les femmes ont énormément changé, surtout dans leurs relations aux hommes, on parle beaucoup moins de l'évolution de leurs rapports entre elles. Pourtant ils ont considérablement évolué et transformé le paysage social.

Comme on le répète souvent, les femmes aujourd'hui ont tout pour détenir le pouvoir : elles constituent la moitié des électeurs, plus de la moitié de la population, élèvent les enfants. Si elles veulent changer, elles ont les moyens de le faire.

Cependant, de nombreuses études montrent que les femmes sont plus enclines à voter pour un candidat politique homme que pour une candidate même si le programme de celle-ci correspond plus à leur attente. Les femmes ont des droits, alors pourquoi n'assument-elles pas la moitié des postes dirigeants des comités de direction, des partis politiques ou des parlements ? On déclare généralement que c'est parce qu'elles sont trop dans la rivalité pour regrouper leurs forces et se concentrer sur des enjeux communs. Les femmes doivent-elles s'unir pour émerger ? Pour mieux cerner le problème, il n'est qu'à observer leurs rapports interpersonnels : comment réagissent-elles les unes face aux autres, comment se voient-elles ?

J'ai passé plusieurs années à étudier les relations qu'entretiennent les femmes. C'est un des premiers domaines sur lesquels s'est orientée ma recherche (de 1970 à 1990). Et j'en suis arrivée à la conclusion suivante : leurs sentiments, l'estime qu'elles se portent, leur sens politique ont à voir avec un tabou fondamental qui concerne la loyauté.

Les clichés abondent – une femme en poignardera une autre dans le dos en faveur d'un homme, une femme annulera toujours un rendez-vous avec une autre femme dès lors qu'un homme surgit ou encore on ne peut pas faire confiance à une femme dans le domaine professionnel. D'autres clichés proclament au contraire que toutes les femmes sont sœurs ou que les femmes feront toujours corps contre les hommes quoi qu'il arrive. Qu'en est-il en réalité ?

Les hommes s'organisent en clans solidaires (partis politiques, équipes sportives, corporations) qui fonctionnent, ce qui n'est pas le cas des femmes. Bien que la plupart des femmes s'entendent à merveille, elles ont souvent le vague soupçon qu'un blocage sous-tend leurs échanges, vouant ceux-ci à la précarité. De nombreuses femmes, par exemple, veulent traiter les femmes en égales mais lorsqu'elles essayent prudemment de déléguer une partie de leur pouvoir à leurs collègues femmes, elles ont l'impression de se trouver en terrain glissant. Les femmes se plaignent que les femmes ne les prennent pas au sérieux, sont toujours en retard, prêtes à annuler un engagement pour n'importe quelle raison – « en tant que femme, vous devriez comprendre » – et, en général, les prennent de haut. Certaines en sont si choquées qu'elles concluent : « Les stéréotypes sont justes ! Les femmes sont nées rivales, sournoises et inférieures. » Cette généralisation n'est naturellement pas exacte. Qu'est-ce donc qui induit ces vieux clichés et conduit ces situations à se répéter ?

L'explication habituellement reconnue pour cette hostilité latente des femmes entre elles vient du fait qu'elles sont « conditionnées » à préférer les hommes, à se mesurer à eux. C'est peut-être vrai mais j'y trouve des raisons plus profondes. Je pense qu'existe un interdit majeur qui n'a jamais été exprimé et qui concerne la loyauté des femmes entre elles. Cet interdit est transmis en partie aux fillettes par leur mère à un très jeune âge (entre un et trois ans) et plus tard par la société et ses éternels rappels à l'ordre du comportement féminin et ses mises en garde selon lesquelles « ça ne se fait pas de mettre une femme en avant. » Comme si la moindre alliance entre femmes était vécue comme suspecte et déplacée.

Dans des réunions professionnelles, les femmes redoutent parfois d'être du côté d'une autre femme, « contre les hommes », et s'en justifient en trouvant « moderne » de ne pas être automatiquement d'accord avec les femmes, tandis que les hommes sont souvent complices et travaillent ensemble sans manifester d'attitude défensive ou d'affectation. Si le problème était que les femmes ont des sentiments mitigés, qu'elles ne s'apprécient pas toujours, pourquoi ne serait-ce pas aussi le cas pour les hommes ? Eux aussi ont des sentiments agressifs, ne voient pas toujours les autres comme des égaux. Pourtant ils forment alliance, travaillent en équipes sans que personne y trouve à redire. Bien sûr les femmes n'ont pas forcément à travailler ensemble, à fonctionner en ghetto, mais lorsqu'une femme en trouve une autre digne de confiance, elle ne devrait pas avoir peur de lui accorder ouvertement son soutien. Bien des femmes tentent de travailler ensemble « en coulisses » pour se soustraire à cet interdit ou s'ingénient à ne pas passer à l'acte en se lamentant : « Le monde est injuste mais je n'y peux rien. »

Dans le domaine politique, l'attitude la plus répandue consiste à dire : « Aller à une réunion de femmes ? Rejoindre une association féministe ? Vous rigolez ! C'est totalement ringard ! » C'est pourtant bien un exemple typique de la peur du ridicule, de cette peur d'une alliance interdite qui exprime aussi l'autre peur, celle d'être rejetée par les hommes, d'être reléguée à tout jamais dans le clan maudit des femmes.

Bien qu'on dise que les femmes sont plus sensibles aux réactions masculines (rejets, blâmes ou louanges), en fait, et ce fut la première révélation de mes recherches, elles sont très vulnérables aux réactions des autres femmes et craignent très fort d'être rejetées. La plupart se demandent si les autres femmes les aiment vraiment, doutent de leur loyauté sur le long terme, sont terrifiées de prendre le risque d'aller contre les « règles » du système. Si elles fondent leurs espoirs dans la fréquentation d'une autre femme (en affaires, en politique ou de façon privée), ce sera, disent-elles, pour être à la fin abandonnées au profit d'un homme.

De nombreuses femmes ont d'excellentes amies, mais ne se voient pas poursuivre avec elles des projets à plus long terme. Elles ne se demandent pas : « Que pourrions-nous faire ensemble ? Acheter une maison, créer une société ? » Il y aurait pourtant tant de projets possibles à envisager qui pourraient les satisfaire et leur donner l'émulation nécessaire à leur reconnaissance, mais la plupart des femmes restent bloquées par les clichés sociaux, surtout ceux qui relèvent de leur incapacité à être loyales entre elles. Pour passer outre, il faut réfléchir à un nouveau code de relations entre femmes. Chaque femme peut maintenant, en assumant vraiment et sérieusement ses relations avec une autre femme, rendre sa vie beaucoup plus rassurante et agréable, et montrer une nouvelle voie à toutes et à tous.

Pourquoi est-il si difficile pour nous d'envisager de tels modes de vie ? Selon mes recherches, les femmes à ce stade de notre histoire progressent de façon intéressante, changent de perspective et expérimentent de nouvelles voies dans leurs relations, en ignorant le vieux tabou des complicités féminines. Elles résolvent la vieille question sans issue du « je ne peux pas trouver l'homme idéal » en bâtissant leur vie autour de leurs amitiés. De plus en plus de femmes réétudient leurs rapports interpersonnels en évitant d'avoir peur d'éprouver ce qu'elles sentent et de communiquer vraiment, en révisant leurs propres attitudes à l'aune de l'amitié et de l'émotion éprouvées.

D'après mes recherches qui s'appuient sur des entretiens personnels, des confidences et des lettres, sources anonymes comme toutes les enquêtes qui ont nourri mes précédents *Rapports Hite*, les femmes ont amorcé un véritable changement qualitatif dans leur comportement et dans le regard qu'elles portent sur les autres femmes. Ce qui leur apparaissait comme impossible il y a peu est devenu non seulement envisageable mais réalisable.

I

Mères et filles

A quel point le modèle maternel influence-t-il les relations que les femmes ont entre elles ? Cette question englobe, il est vrai, un vaste domaine maintes fois exploré. Les recherches que j'ai menées ces dernières années ont pourtant donné des résultats surprenants, des informations que je n'avais pas soupçonnées. Comme le rôle primordial joué par le tabou qui empêche que des informations d'ordre sexuel soient transmises. Il est plus important que ce qu'on avait imaginé jusqu'ici. Freud, n'ayant pas reconnu son importance, n'a pas traité ce sujet.

Une distance inavouée

Quand on demande aux femmes si elles ressemblent à leurs mères, la plupart d'entre elles s'exclament d'un ton catégorique : « J'espère que non ! » Pourquoi ?

Généralement, on part du principe que c'est seulement à la puberté que les filles s'opposent à leurs mères, parce qu'elles se séparent d'elles, qu'elles doivent trouver leurs marques en tant qu'individus, et que ce processus est « naturel ». La rupture entre la mère et la fille se passe beaucoup plus tôt et puise en grande partie son origine dans un tabou : il est interdit de parler de la sexualité.

La théorie de l'aliénation ne donne qu'une partie de l'explication, elle stipule qu'il est « naturel » que les filles s'opposent à leurs mères, car elles doivent se séparer d'elles et trouver leur propre individualité. Quand on prend l'explication pour la solution parce qu'on doit en trouver une, on ne fait que décrire un processus sans en montrer les causes, et on suppose de surcroît qu'il y avait, avant, une « trop grande identification ». Cette théorie a un avantage : elle nous donne une raison de mépriser plus ou moins notre propre mère sans que nous ayons à développer de sentiments de culpabilité.

Aux yeux de la fille, la sexualité est le privilège et le secret de sa mère. La mère porte des dessous séduisants, fait des choses mystérieuses dans la salle de bains, se couche tard, partage le lit du père ou d'un compagnon. Il y a dans la vie de la mère un vaste domaine qu'elle cache à sa fille. Celle-ci voudrait être initiée au « secret des adultes », disposer du savoir de sa mère, utiliser son maquillage, son rouge à lèvres et porter ses chaussures. Elle veut être là quand sa mère s'habille et dormir dans son lit.

La mère connaît le monde mystérieux de la sensualité, elle sait ce qu'on éprouve lorsqu'on caresse une autre personne et qu'on est caressé par elle. Cependant, elle n'en parle pas à sa fille, ne lui fait pas partager son savoir. Bien sûr, la mère pense qu'elle a raison d'agir ainsi. Il est évident qu'elle a besoin de protéger son intimité et de garder un espace de liberté ! Toutefois, sa fille, qui comprend qu'il est interdit de parler de tout ce qui a trait à « certaines parties du corps », se sent exclue et rejetée. D'abord, elle se demande quelle peut bien être la raison de ce silence. Puis, elle assimile le tabou, la crainte de « ces parties du corps » jusqu'à ce que, finalement, elle oublie de s'étonner de ce silence.

La plupart des filles se retrouvent dans un dilemme. Au moment où elles apprennent à ne pas parler de la sexualité ni même de leur anatomie, la majorité d'entre elles savent que leur corps possède des organes génitaux dignes d'intérêt et engendrant une sensation de bien-être. De mes enquêtes (1976 et 1994-1995), il résulte que la plupart des filles commencent très tôt à se masturber, plus tôt qu'on le supposait communément : 45 % des fillettes commencent à se masturber jusqu'à l'orgasme à l'âge de sept ans, 60 % des filles de douze ans ont des orgasmes. La majorité des autres s'y adonnent au début de leur adolescence. En règle générale, elles découvrent la masturbation sans aide extérieure et la pratiquent en secret. La plupart se sentent coupables et honteuses. Elles n'ont pas l'impression qu'il soit licite de jouir de son corps et d'expérimenter ses propres émotions.

En taisant le fait que les filles (et les êtres humains en général) peuvent et ont le droit de toucher leur propre corps, d'éprouver du désir physique, de nombreuses mères interdisent inconsciemment à leurs filles d'aller à la découverte de leur corps et de ressentir du plaisir. Elles empêchent ainsi leurs filles d'être fières de leur corps. Créée par la mère, cette atmosphère transmet à la fille le sentiment qu'il n'est pas souhaitable de poser certaines questions, d'ordre sexuel. Un jour ou l'autre, la fille se sent comme paralysée. Le silence crée une barrière bizarre, fait ombrage à l'ensemble de la relation mère-fille. La fille pense que sa mère pourrait l'aider, lui donner des informations. Mais comme cette dernière ne le fait pas, la fille s'interroge : sa mère ne manque-t-elle pas de confiance en elle ? la considère-t-elle comme un être digne d'être aimé ?

Quelles conséquences le comportement maternel a-t-il sur la façon dont la jeune femme appréhende la sexualité, ainsi que sur ses relations avec les autres femmes ?

Alors que la mère pense bien faire, la fille se sent exclue et rejetée. Elle se demande pourquoi elle n'a pas le droit de parler de son corps et si son besoin de le faire est si inhabituel que ça. Pour de nombreuses filles, Madonna est, sur ce point, plus « mère » que la mère naturelle. La vie que mène Madonna leur démontre que la sexualité fait partie de la femme, même si Madonna représente une sexualité débridée et suggère qu'une femme ayant une vraie vie sexuelle doit se comporter de façon « excitante » et « provocante ».

L'apparition des règles pourrait être une autre occasion pour la mère et la fille de faire plus ample connaissance ; pourtant cette opportunité est souvent manquée. La menstruation n'est abordée que sous son aspect biologique et pratique, elle n'est pas célébrée comme le début d'une phase excitante. Par leur brièveté clinique et leur brusquerie, les discussions renforcent même la distance.

Souvent, la mère trouve refuge dans une communication non verbale et détournée, par exemple en donnant un ouvrage à lire à sa fille. Dans de nombreux cas, la mère quitte la pièce en disant : « Appelle-moi si tu as une question. »

Fort peu de pères parlent de la menstruation ou célèbrent l'événement avec leur fille. Cependant, les filles savent par ouï-dire que les hommes ont des rapports sexuels avec les femmes et qu'ils y accordent une importance extrême. C'est surtout ce savoir-là, et non le silence maternel, qui confirme les filles dans l'idée de leur féminité. Les filles apprennent ainsi que ce n'est pas une femme qui les confirmera dans leur sexualité mais les hommes, en particulier ceux avec qui elle aura des relations sexuelles. Il est troublant de constater que les femmes ont davantage honte de leurs organes génitaux face à d'autres femmes que face aux hommes.

Une fille le décrit en ces termes :

« J'ai toujours eu l'impression que je n'avais pas le droit de questionner ma mère sur ces choses personnelles. J'avais compris qu'il se passait quelque chose. On avait soudain donné à ma sœur un gros paquet de serviettes hygiéniques, mais la sexualité et les règles semblaient être des sujets tabous. Je savais que je n'avais tout simplement pas le droit de poser des questions. »

Une autre fille a été très perturbée par ses premières règles. Elle avait presque l'impression qu'il lui fallait de nouveau porter des couches :

« Je n'y étais pas préparée. Quand j'ai découvert l'énorme tache de sang sur mon drap, ma mère m'a donné une de ces culottes en plastique que l'on porte avec de grosses serviettes hygiéniques. Je ne savais absolument pas comment on s'en servait ou combien de fois il fallait en changer. Elle ne m'a pas parlé des tampons. J'avais douze ans et j'étais complètement affolée. Je pense qu'on n'a pas le droit d'abandonner ainsi un enfant qui se pose autant de questions. »

Cette façon de communiquer – ou de ne pas communiquer – est faite pour créer une distance et empêcher chaleur et rapprochement. Même de nos jours, l'apparition des règles n'est fêtée que dans 10 % des cas. C'est comme si le corps des filles n'existait pas, comme si ce qui leur arrivait n'était ni intéressant ni important, et que ce n'était surtout pas quelque chose de bien. Pire, le comportement des parents change : en termes voilés, ils mettent leur fille en garde contre un « accident » ou la regardent d'un air méfiant pour voir si elle ne s'habille pas de façon trop provocante. A partir de ce moment-là, ils font attention à ce que, le soir, elle ne rentre pas trop tard à la maison.

Si on acceptait franchement le fait que l'apparition des règles constitue une étape importante dans la vie des jeunes filles, cela aiderait beaucoup ces dernières à accepter leur sexualité de femme et leur corps. Une mère raconte :

« Nous avons invité la famille et nous sommes allés au restaurant. C'était une belle soirée. On a offert à Ellen une sorte de gâteau d'anniversaire. Tout le monde lui a apporté un petit cadeau. »

Pour aider sa fille, la mère pourrait, par exemple, lui raconter comment cela s'est passé quand elle a eu ses premières règles, comment elle a appris à utiliser des serviettes hygiéniques ou des tampons, à quel âge elle s'en est servie pour la première fois.

La plupart des filles n'apprennent rien sur les choses pratiques grâce à leurs mères, sauf peut-être au sujet de la contraception ou sur le fait qu'il faut utiliser des préservatifs pour se protéger du Sida. Elles s'informent le plus souvent par des moyens détournés.

Pour nombre d'entre elles, le silence des mères signifie qu'en ayant une vie sexuelle active ou des désirs, elles se montrent déloyales, désobéissantes et contestataires. Ni le père ni la mère ne les y ont expressément autorisées. En ont-elles le droit ou non ? Cette question n'a jamais été abordée. On suppose que les hommes portent un jugement positif sur la sexualité, mais on ne le dit pas : ce n'est pas la peine, car notre culture ne cesse de le confirmer.

Il est vrai, cependant, que de nouvelles formes de relations mère-fille ont vu le jour : « Un jour, ma mère a montré à une de mes sœurs et à moi ce qu'étaient les serviettes hygiéniques et les tampons. Fascinées, ma sœur et moi regardions ma mère introduire un tampon. Quant à notre sœur aînée, elle a refusé de regarder. Elle trouvait cela dégoûtant », raconte une jeune fille.

Pourquoi de telles choses ne font-elles pas toujours partie de la relation mère-fille ? Pourquoi trouvons-nous le comportement de la mère choquant ? Une mère n'a-t-elle pas le droit de montrer son sexe à sa fille ? Doit-elle le cacher ? Les garçons voient le pénis de leur père et celui des autres garçons. Cela leur donne l'impression d'être normaux et acceptés. Pourquoi cela ne serait-il pas possible chez les filles ?

Pourquoi tant de femmes sont-elles gênées quand il est question de sexualité ? Sous le couvert des conventions, sous le prétexte de respecter l'espace de liberté dont leurs filles ont besoin pour développer leur personnalité, ces mères les empêchent de parler de leur sexualité. Et finalement, les mères et les filles ont peur de regarder mutuellement leurs corps, d'avoir des relations trop intimes entre elles.

Si les mères n'ont pas le droit de déclarer ouvertement que la sexualité fait partie intégrante de leur vie, si elles doivent feindre devant leurs filles de ne pas avoir de vie sexuelle, celles-ci se demandent si la sexualité féminine est quelque chose de mal, pourquoi leurs mères sont obligées de faire comme si elles n'avaient pas de sexualité ou alors pourquoi elles ont décidé d'y renoncer. De surcroît, elles se demandent si elles-mêmes feraient mieux de ne pas avoir de vie sexuelle.

Les discussions sur la sexualité ne sont pas les seules frappées d'interdiction : il en est de même pour tout contact physique entre mère et fille, à moins qu'il ne s'agisse d'effleurements fugitifs. La mère est très tendre avec sa fille aussi longtemps que celle-ci est en bas âge. A peine sa fille a-t-elle atteint l'âge de cinq ou six ans que c'en est fini. Par la suite, la mère est autorisée à être proche de sa fille seulement lorsqu'elle lui peigne ou brosse les cheveux. Tout autre contact est interdit, exception faite du baiser pour dire bonjour ou au revoir ou, à la rigueur, d'une tape. Même regarder le corps de l'autre est tabou et « mal ».

La société accepte qu'un garçon se rende compte que sa mère exerce une attirance sexuelle. L'œdipe est « normal », car les « hommes normaux éprouvent du désir pour les femmes ». Il est également admis, dans notre société, que les garçons remarquent combien les hommes de l'âge de leur mère trouvent celle-ci érotique. En revanche, on tolère à peine qu'une mère et sa fille sachent reconnaître et apprécier leur érotisme. Elles n'ont pas le droit de percevoir les composantes sexuelles d'autrui. Il faut que cette partie de la personnalité reste cachée, seuls les hommes peuvent à la rigueur s'en rendre compte. Toutes deux sont par conséquent obligées de faire comme si elles ne remarquaient pas que l'autre est aussi un être doué de sexualité. Dans ce jeu de cache-cache, elles se sentent mal à l'aise, elles ont bien plus le sentiment d'être isolées, de manquer de sincérité et de confiance.

Cela ne signifie pas que la mère et la fille doivent forcément développer des relations d'intimité, cela veut seulement dire que nous les femmes, nous devons nous considérer les unes les autres comme des personnes à part entière et que nous avons le droit d'avoir entre nous des relations amicales, confiantes et franches qui impliquent éventuellement une attirance sexuelle.

Les contacts physiques entre mère et fille

Tant qu'une fillette est très jeune, sa mère lui fait des câlins, la prend dans ses bras et l'entraîne avec elle partout où elle va. A l'entrée à l'école la situation change. La mère et la fille ressentent alors la perte de tendresse et d'intimité qu'elles avaient pendant la petite enfance. Toutefois, il est inconvenant de l'exprimer, car « il faut grandir » et « il ne faut pas trop materner ou gâter un enfant » !

Il est curieux d'observer que les cheveux se retrouvent au cœur de la relation entre la mère et la fille. Dans les premiers temps, la mère prend soin de la chevelure de sa fille. Beaucoup de mères « peignent trop fort » ou « tirent les cheveux » ; ces moments sont source à la fois de contrariété et d'amour ; il est possible que de telles émotions aient été suscitées par le récent abandon de l'intimité. Pendant la puberté et les premières années de l'adolescence, la société accepte purement et simplement que les cheveux de la fille fassent l'objet de commentaires et de soins amoureux.

Il est vrai que la plupart des filles portent des cheveux plus longs que les garçons et qu'ils demandent un plus grand entretien. Mais comment expliquer cette coutume étrange selon laquelle c'est la mère qui s'occupe des cheveux de sa fille ? Est-ce une façon de remplacer le contact que la mère et la fille ont dû abandonner ?

A la même époque, la tendresse et l'affection laissent souvent place à la colère. En étant agressive envers sa mère, l'adolescente exprime son désir réprimé d'affection et de rapprochement physique. Des petits riens peuvent déclencher des disputes : « Pendant ma puberté, ma mère n'admettait pas mon comportement à l'école ni que j'aille dans les discothèques. En d'autres mots, elle n'acceptait pas que je mène une vie trépidante et indépendante. Elle me disait que j'aurais des ennuis. Elle ne le disait jamais à mon frère. Lui avait le droit de tout faire. »

« Elle n'avait que critiques pour ce qu'elle appelait mon caractère contestataire et ma paresse. On se disputait sans cesse quand je lui désobéissais. »

« Elle affirmait que je faisais trop de bruit, que je téléphonais trop longtemps, que je parlais trop fort, que je dépensais trop d'argent et que je n'étudiais pas assez. »

« A partir du moment où j'ai pris la pilule, nous nous sommes disputées à propos de la sexualité. »

« Nous nous disputions lorsque je la critiquais et que je lui disais qu'elle n'était pas assez indépendante. »

Parfois, les filles rendent le conflit de générations responsable de leurs querelles – une simplification offensante pour la mère.

« Nous nous disputions au sujet de l'argent, des garçons, de ma façon de vivre, de l'alcool et du sexe. Je l'aime de tout mon cœur, mais elle appartient à une autre génération – peut-être est-ce la cause de nos problèmes. Mon père n'apprécie certes pas que je la contredise, mais il est très moderne, il sait de quoi il retourne aujourd'hui. »

Les cheveux, leur longueur et leur entretien, jouent souvent un rôle central dans les brouilles mère-fille :

« Quand j'avais douze ans, je voulais tout faire moi-même. Mes cheveux étaient au cœur de toutes nos disputes. Je voulais les garder longs. Elle me disait toujours qu'ils étaient horribles. Et à partir de ce moment-là, notre relation n'a fait qu'empirer. Elle m'a fait une permanente. J'avais la tête d'une folle et j'en ai beaucoup souffert. »

On peut partir du principe que la dispute vient de ce que la mère a besoin d'exercer son ascendant sur sa fille. C'est en partie juste, mais cela correspond aussi au cliché que Paula Caplan et Phyllis Chesler décrivent dans *C'est la faute de ma mère*[1] – cliché largement répandu au vingtième siècle, celui de la mère prétendument dominatrice et exigeante. Dans les années cinquante, au plus fort de la famille mononucléaire, on trouvait dans *Nation of Vipers* de Wylie la description de ces mauvaises mères qui étouffaient leurs enfants sous leur amour. A cette époque, ce cliché reçut un très bon accueil. Aujourd'hui, c'est un autre préjugé qui est devenu le chouchou des médias : celui des mères égoïstes qui travaillent et qui n'aiment pas assez leurs enfants !

Faut-il vraiment expliquer la raison du conflit entre les mères et les filles par la différence d'âge ? Dans notre société, les femmes qui vieillissent, et les mères, sont censées perdre de leur séduction et de leur beauté tandis que les filles sont d'éternelles bombes sexuelles à l'état pur. Œdipe ne s'y retrouverait pas, lui qui prend sa mère pour épouse. L'âge n'y joue aucun rôle. Le problème d'Œdipe tient uniquement au fait qu'il a enfreint, à son insu, le tabou de l'inceste édicté par les dieux. Aucun mot n'est dit dans toute l'histoire sur le fait qu'il ne serait « pas naturel » pour un homme de trouver une femme plus âgée que lui sexuellement attirante.

On attise ainsi la rivalité entre mère et fille en arguant de la différence d'âge. Cela signifie-t-il que les jeunes

1. *C'est la faute de ma mère : pour en finir avec le mythe de la mauvaise mère*, Éditions Le Jour, 1993.

femmes passent pour être plus jolies et que les mères doivent automatiquement prendre la deuxième place ? Les choses se passent-elles vraiment ainsi ? Les mères et les filles se battent-elles parce que le pouvoir s'est déplacé ? Les mères sont-elles en réalité jalouses de leurs filles et éprouvent-elles pour cette raison des sentiments de culpabilité ? Les filles ressentent-elles à la fois honte et fierté parce qu'elles sont plus désirables que leurs mères ?

Même en répondant par l'affirmative à toutes ces questions, on ne dit rien sur la véritable cause des disputes et de la distance grandissante entre les mères et leurs filles. Pourquoi serait-il naturel que les femmes se considèrent comme des rivales au lieu de s'apprécier ? Heureusement, les choses, à ce sujet, évoluent : les femmes ont le droit d'admirer réciproquement leur beauté et de l'exprimer en toute liberté.

Même quand les mères et les filles se disputent tout simplement parce que les êtres humains ne peuvent invariablement être du même avis, leurs conflits ne sont pas toujours dus à l'imperfection humaine. Vu superficiellement, il est question de cheveux, de pouvoir et de contrôle – mais le contrôle de quoi ? Le contrôle de la sexualité et de la personnalité ?

Les problèmes entre mère et fille s'accompagnent d'une forte tension sexuelle, et c'est au moment de la puberté que leur relation subit la perturbation la plus sensible. Elles sont obligées de garder leur vie sexuelle secrète l'une envers l'autre, et cela leur donne à toutes deux l'impression de manquer de franchise. C'est pourquoi le tabou qui est au cœur du problème entre mère et fille est celui qui pèse sur la transmission des informations d'ordre sexuel.

Marie, l'archétype de la mère

Pour comprendre la relation mère-fille dans la culture occidentale, il nous faut considérer l'influence que les archétypes déterminants de Jésus, Marie et Joseph exercent sur notre image de la femme. Il manque l'archétype de la fille. Un autre archétype hante à l'arrière-plan, celui d'Ève chassée du jardin d'Éden.

La mère de l'archétype de la famille est fort étrange : Marie engendra un fils sans péché, sans relation sexuelle et fut par conséquent « plus parfaite » que toutes les mères terrestres pourraient l'être. Est-ce la raison pour laquelle les mères d'ici-bas doivent cacher leurs émotions et leurs comportements sexuels à leurs enfants ?

Le modèle féminin fondateur de notre société est une femme qui a enfanté sans avoir eu de rapport sexuel ! Aucune femme ne peut y correspondre. Ève, elle, fut chassée du paradis parce qu'elle s'était affirmée comme être sexuel, qu'elle était active et qu'elle avait mangé la pomme de la connaissance. A cause d'elle, toutes les femmes sont suspectes, entachées de désirs troubles et de complicité avec le Diable. Certes, cela fait longtemps que nous n'y croyons plus, mais ces archétypes nous influencent encore.

En conséquence de quoi, aussi incroyable que cela paraisse, les mères ne peuvent pas parler de la sexualité en général et encore moins de la leur. Elles ont honte de dire qu'elles ont eu un rapport sexuel pour engendrer leurs enfants.

Y a-t-il une autre explication ? Sinon, d'où viendrait cette crainte ?

Les mères et les filles peuvent-elles s'imaginer qu'elles

sont toutes deux des êtres sexuels ? La relation mère-fille est imprégnée d'un profond désarroi et d'un désaveu. Des années plus tard, ceux-ci ont encore une résonance sur les amitiés que les femmes tissent entre elles. Renier qu'on est un être de chair conduit à un blocage mental étrange.

La mère est, pour ses enfants, une figure sexuelle, car c'est à travers son corps qu'ils sont nés. Dans la famille, la sexualité est incarnée par la mère. Sa chambre à coucher constitue le cœur caché du foyer. L'affection, la chaleur et le bonheur d'être allongé dans un lit et de dormir rendent le corps de la mère toujours présent dans la conscience des membres de la famille.

La société ne dit pas un traître mot sur l'érotisme maternel ; reconnaître même qu'il puisse exister est tabou. Puisque nous vivons dans une culture au sein de laquelle Marie, le modèle féminin le plus important, a engendré Jésus sans avoir de relation sexuelle, nous n'imaginons pas notre mère dans sa composante sexuelle. Et pourtant, sa sexualité fait partie d'elle. Cela ne vaut pas seulement pour celles qui ont conservé leur féminité ou qui portent de jolis dessous. Cela est valable pour toutes les mères, pour chaque type de mère, quelle que soit leur apparence physique, même pour les mères âgées.

Comment agit la négation de la sexualité maternelle sur la mère et la fille ? Notre culture accepte que les garçons perçoivent un jour leur mère comme un être sexuel, car les hommes désirent les femmes, et ils remarquent que leurs mères exercent une attirance d'ordre érotique sur les hommes de leur âge. Cependant, on admet mal qu'une attirance sensuelle puisse aussi exister entre mère et fille.

Une fille décrit joliment comment elle a découvert la sensualité du corps de sa mère. Elle en était fascinée, mais il ne lui a pas été possible de poser des questions ou d'exprimer ses sentiments :

« Je me rappelle le jour où je l'ai regardée. Nous faisions des courses. Elle portait un chemisier transparent, un soutien-gorge et un caraco. On ne pouvait donc rien voir de son corps. Mais on devinait la forme de ses seins. Je me souviens que j'ai regardé la poitrine de ma mère et pensé qu'elle était splendide. Je n'étais pas la seule à avoir cette opinion. Elle passait pour être une belle femme. J'avais environ neuf ans à cette époque. Je me suis demandé si je serais un jour aussi sexy qu'elle et si je donnerais la même impression de puissance. J'ai pensé combien j'étais petite encore. C'était normal, bien sûr. Et puis, je n'avais pas encore de poitrine. Personne ne m'avait dit que j'en aurais un jour. Est-ce pour cette raison que je me suis toujours sentie fluette – les jalons de ma personnalité ont-ils été posés à cette époque ? »

Une autre fille a réagi au silence de sa mère en refusant que son corps se transforme et en essayant de le débarrasser de tout ce qui était féminin :

« J'avais peur que ma mère découvre que j'avais de la poitrine. Et j'ai été catastrophée quand je me suis aperçue que j'avais des hanches. J'ai décidé de maigrir pour retrouver ma véritable forme, mon corps de fillette. Dans mon école de filles, on trouvait que les grosses poitrines faisaient putain ; il était préférable d'en avoir une petite. C'était mieux aussi d'avoir ses règles plus tard. Nous vouions un culte à l'anorexie. Nous étions toutes si maigres que nos règles n'arrivaient que très tard. Je ne voulais à aucun prix ressembler à ma mère. Je voulais rester à tout jamais une fille – et non devenir une de ces femmes répugnantes. »

Les mères et les filles sont-elles des ennemies naturelles ?

De nombreuses filles préfèrent un corps maigre aux formes plus pleines de leur mère. Pour elles, les formes rondes ne sont pas synonymes de sensualité, mais associées à la « vieillesse » et ont donc une image négative. Beaucoup de filles veulent ressembler aux mannequins filiformes. Pour y parvenir, elles sont prêtes à maltraiter leur corps et leur âme.

Étant donné qu'au sein de la famille la sexualité est vécue dans l'ombre, que la masturbation et, jusqu'à un certain degré, les règles sont refoulées, la fille se trouve démunie face à ses problèmes, et elle en veut à sa mère et à son père. Elle souhaite à la fois avoir une discussion avec sa mère, poser des questions sur les sentiments que celle-ci éprouve et aussi couper les ponts. Toute question du type « as-tu un moyen de contraception ? te protèges-tu du Sida ? » est considérée comme une ingérence inadmissible dans sa vie. Au lieu de parler avec sa mère, la fille discute avec ses amies auxquelles elle peut s'ouvrir en toute liberté et en toute franchise. De nombreuses filles ont l'impression que les mères ont pour dessein de leur cacher que sexualité signifie pouvoir, d'où le message tacite : la menstruation, la masturbation et la fierté d'avoir un corps de femme ne sont pas l'expression d'un pouvoir. Les filles ne doivent rien en apprendre, elles ne doivent pas accéder à ce pouvoir. Toutefois, la fille sait intuitivement que la sexualité fonde le pouvoir maternel et que la sienne aussi est de la plus haute importance.

Le tabou selon lequel les femmes ne doivent pas se toucher ni être trop proches, même quand elles sont amies, nous a mises, nous les femmes, dans la situation qu'une jeune femme décrit ainsi : « Je n'ai jamais été plus proche d'une femme que de ma mère lorsque celle-ci m'allaitait. Depuis peu, j'enlace mes amies, mais de façon fugitive. Et pendant les cours d'autodéfense, j'ai touché ma partenaire lors d'exercices comme quelqu'un qui se libère des griffes de l'autre. »

Cette distance qui s'établit entre mère et fille explique le blocage que les femmes ressentent parfois face à d'autres femmes et le fait qu'elles se demandent si les autres sont franches et dignes de confiance ; elles ont l'impression qu'il y a là, tapi, un secret sale et honteux, quelque chose d'inavouable qu'on pourrait découvrir.

La rupture entre les mères et leurs filles n'a pas de cause naturelle. Elle a lieu parce que les mères et les filles sont obligées de renoncer à l'échange d'informations, obligées de ne pas être franches et de faire des cachotteries. Pourquoi est-ce ainsi ? Dans notre ordre social patriarcal, la relation mère-fille est d'une importance primordiale. Sans la rupture entre la mère et sa fille et la méfiance subséquente, les hommes ne pourraient pas conserver leur suprématie. L'égalité des sexes s'établirait. La famille traditionnelle est l'instrument avec lequel la société patriarcale sépare les générations de femmes les unes des autres. Les filles se sentent étrangères à leurs mères et sont en colère contre elles, de nombreuses mères considèrent leurs filles comme des concurrentes et les trouvent moins importantes que leurs fils. Cela rejaillit sur les relations que les femmes plus jeunes entretiennent avec des femmes plus âgées sur leur lieu de travail, ainsi que sur les amitiés féminines et le comportement politique des femmes.

Si, dès le début, les femmes étaient plus solidaires et si elles se méfiaient moins les unes des autres, elles auraient, dans notre société, plus de pouvoir.

II

Le monde singulier des sœurs

« J'aime ma sœur. Bien sûr, il nous arrive de nous disputer. Mais je l'aime tout de même, il n'y a aucun doute là-dessus. D'ailleurs, je n'ai pas le choix. Elle est ma sœur. »

« Je n'ai pas parlé à ma sœur pendant trois ans. Elle m'avait pris mon petit ami. Elle a couché avec lui, puis ils sont restés ensemble. Cela m'a terriblement blessée. Même mes parents n'ont eu aucune compassion pour moi, ils n'ont fait qu'en rire. »

« Enfants, nous nous entendions comme chien et chat. Puis ma sœur s'est mariée, et moi, j'ai fait des études ; alors nous sommes vraiment devenues de bonnes amies. Depuis, nous sommes très proches. Mais je ne peux pas expliquer pourquoi. »

La relation entre sœurs est tout à fait singulière. Elle n'est pas typique des relations entre femmes ou des amitiés féminines. Elle ne peut en être le prototype. Est-elle la meilleure et la plus intime des relations qui puissent exister entre des femmes ?

C'est le hasard qui nous donne une sœur. Nous n'entretenons pas cette relation de plein gré, et la façon dont elle s'harmonise dépend en grande partie de la famille. L'attitude de la famille peut être entachée de clichés railleurs et on peut entendre des phrases toutes faites telles que « les filles se disputent toujours » et « les sœurs sont souvent jalouses l'une de l'autre ». Les filles apprennent ainsi clairement qu'elles « méritent » qu'on se moque d'elles, que leurs émotions ne sont pas convenables et que leur jalousie va de soi.

Dans une telle atmosphère, il est extrêmement difficile pour des sœurs de sonder leurs sentiments. Lorsque les femmes se considèrent comme des concurrentes, cela résulte la plupart du temps de leur situation sociale spécifique et non d'une quelconque hormone ou de la nature féminine.

La naissance d'un garçon est accueillie avec joie : « Un héritier mâle ! » Dans notre monde, les filles ne sont pas aussi bien accueillies. Elles naissent dans une société dont l'inconscient collectif ne connaît pas – comme nous l'avons déjà signalé – d'archétype filial dévolu à la fille. Notre société a du mal à lui trouver une place. Quasiment depuis la naissance les petites filles doivent s'arranger avec cet état de fait.

Le cri de joie que l'on pousse à la naissance d'un garçon et le silence qui suit celle d'une fille transmettent à cette dernière un message qui la fait douter de son droit à exister et lui donne l'impression qu'elle aura à se battre pour prouver qu'elle a quelque valeur.

« Une chambre à soi »

« Je perds plus vite patience avec ma sœur qu'avec mes amies. Je me demande pourquoi. Peut-être parce que je n'ai pas choisi d'être en relation avec elle. Je n'ai pas choisi non plus d'être en relation avec mon frère, mais avec lui j'ai toujours eu l'impression d'avoir plus d'air. »

Cette femme a-t-elle l'impression que sa sœur lui laisse moins « d'air » parce qu'il y a globalement moins de place sur terre pour les filles ? La rivalité qui existe entre des sœurs est dans une large mesure imposée par une structure sociale et familiale qui marginalise les femmes. Parfois, une mère qui manque de confiance en elle dresse ses deux filles l'une contre l'autre ou privilégie inconsciemment son fils. Dans d'autres cas, c'est le père qui ne voulait pas de fille mais un garçon, ou bien qui pense que la naissance d'une fille renvoie une image négative de sa virilité. Dans de tels cas, les filles doivent se battre encore plus pour faire la preuve de leur droit à l'existence, de leur valeur et de leurs qualités. En conséquence de quoi, elles déversent leur frustration sur une autre fille.

Au contraire, il y a des sœurs qui vivent en harmonie sans qu'il y ait entre elles de grands conflits ni de jalousies mesquines. Parfois de telles sœurs restent célibataires et ensemble leur vie durant, elles vivent en paix et se comprennent parfaitement. Cette forme de vie commune était plus courante au dix-neuvième siècle que de nos jours. Autrefois, on la considérait comme tout à fait normale. Remarquons au passage que notre acception actuelle de ce qui est « normal » est beaucoup plus limitée qu'au dix-neuvième siècle.

Si on voulait approfondir tout ce qu'il y a à dire au sujet des sœurs, cela remplirait un livre entier. En effet, beaucoup de choses ont été écrites à ce propos – mais c'est presque exclusivement sous la forme de romans. Nous en avons des exemples fascinants : le roman de Louisa May Alcott *Les Quatre Filles du docteur March* qui fut adapté au cinéma trois fois, la pièce de théâtre *Les Trois Sœurs* d'Anton Tchekhov et *Qu'est-il arrivé à Baby Jane ?*, le célèbre film avec Bette Davis et Joan Crawford, version hollywoodienne d'une haine névrotique entre deux sœurs.

Aucune des trois œuvres ne dit que le problème repose en fin de compte sur la structure de la société. Au lieu de cela, on montre des sœurs sous une perspective qui se contente d'analyser superficiellement leur psychologie – dans *Qu'est-il arrivé à Baby Jane ?*, celle de deux femmes détachées de leur environnement social et familial et obligées de développer une double personnalité, dont une face représente le vrai moi et l'autre la famille.

Pendant des siècles, la jalousie et la rivalité étaient choses normales entre frères et sœurs, jusqu'à ce que le droit d'aînesse fût aboli. Jadis, des frères pouvaient se battre parfois jusqu'à la mort. Lorsque le problème intrinsèque à la société fut écarté, les frères changèrent de comportement l'un envers l'autre, c'est la loyauté qui prima. Aux temps du matriarcat, le statut des filles et la relation entre sœurs devaient être semblables.

Sitôt que la société laissera plus de place aux femmes, que les femmes seront les bienvenues et qu'elles ne naîtront plus au sein d'une constellation problématique, les rivalités diminueront et il sera plus facile aux sœurs de s'aimer.

Aujourd'hui déjà, de plus en plus de sœurs reconnaissent qu'elles ne s'opposent pas pour des raisons personnelles, mais à cause de l'ordre social qui leur met encore beaucoup de bâtons dans les roues.

La proximité physique

Les relations entre sœurs traversent en général deux phases : l'époque où elles habitent à la maison, qui peut être assez mouvementée, et celle qui suit le moment où elles quittent le domicile familial. Le lien émotionnel devient souvent plus étroit quand la proximité physique n'existe plus. Une jeune femme résume ce rapport à sa sœur en une phrase : « Nous nous sommes rapprochées après que j'ai quitté la maison. Nous ne pouvions tout simplement pas nous supporter quand nous habitions encore ensemble. »

Certaines sœurs dorment dans le même lit ou ont partagé pendant de nombreuses années la même chambre. Elles savent presque tout l'une de l'autre. Par exemple, elles savent si l'autre se masturbe, si elle pleure ou si elle n'arrive pas à dormir. Dans les phases importantes de leur vie, elles connaissent leurs réactions mutuelles les plus intimes ainsi que leurs humeurs, elles sont les premiers témoins des succès et des échecs, savent qui l'autre aime et qui elle déteste. Chaque fille sait ce que le reste de la famille pense de sa sœur et elle connaît le statut de celle-ci au sein de la famille. En quelque sorte, chacune voit toujours un peu l'autre avec les yeux de ses parents. La proximité a aussi pour effet que l'une des sœurs devient « l'espion de la famille » ou bien une complice.

Une fille se rappelle comment sa mère l'a un jour admonestée alors qu'elles regardaient ensemble la télévision : « Laura, ne t'allonge pas sur le lit si près de ta sœur. Pousse-toi un peu ! » Les sœurs apprennent très tôt, à partir de l'âge de cinq ans environ, qu'elles ne doivent pas être trop proches l'une de l'autre et ont de nombreux souvenirs de leur proximité physique.

« Je partageais volontiers ma chambre avec ma sœur. C'était une vraie chambre de filles. Ma mère l'avait décorée pour nous. Les couvre-lits étaient verts et assortis, il y avait à côté de chaque lit une petite table de nuit surmontée d'une lampe de chevet, et les rideaux étaient beige clair. Nous devions nous partager le bureau, mais de toute façon nous n'avions pas grand-chose à faire. Nous faisions nos devoirs à la bibliothèque de l'école, et nous ne travaillions à la maison que pour préparer les examens. Nous avions une salle de bains commune qui se trouvait à côté de notre chambre à coucher. Le matin, nous nous disputions pour savoir qui des deux l'occuperait la première et combien de temps, et si la deuxième avait le droit de rentrer quand l'autre y était. Je n'aimais pas que ma sœur se serve en premier de mon déodorant, car après il était poisseux et humide.

Elle laissait dans la douche une odeur d'humidité très particulière. Je ne sais plus si j'aimais cette odeur ou non. Je laissais derrière moi certainement la même odeur ! La nuit, couchées dans nos lits – j'avais un an de moins qu'elle –, nous parlions en chuchotant de ce que nos parents faisaient, des professeurs que nous ne pouvions pas souffrir, nous écoutions les chiens qui aboyaient dehors, et nous nous racontions nos rêves. Je trouvais ma sœur très jolie et j'aimais regarder ma mère lui brosser les cheveux (elle affirmait toujours que Jill ne le faisait pas correctement). J'avais les cheveux courts, ceux de Jill étaient longs et ils étaient donc plus difficiles à entretenir. Adolescentes, nous n'étions plus aussi proches ; elle avait ses amies et moi les miennes, mais nous ne nous disputions jamais, au contraire de nombreuses sœurs. Peut-être cela est-il dû au fait que notre mère avait toujours l'air contente de nous avoir, elle semblait toujours heureuse d'être avec nous deux. »

En règle générale, les sœurs qui partagent leur chambre se masturbent uniquement dans la salle de bains, par peur d'être démasquées. « Une fois, elle est entrée dans la chambre alors que je croyais qu'elle était partie avec une amie. J'étais justement en train de le faire. J'étais couchée sur le côté, ma main allait et venait en cadence et mon visage était tout rouge. J'avais la tête tournée vers la porte, et j'ai vu qu'elle m'avait vue. Mais elle n'a rien dit, elle a seulement refermé la porte et est partie. Nous n'en avons jamais parlé. »

« J'étais au lit avec ma sœur et je croyais qu'elle dormait. Alors, je me suis mise à me tortiller en essayant de jouir. Soudain, ma grande sœur m'a dit d'un ton sec : "Qu'est-ce que tu as à bouger comme ça ?" Je suis sûre qu'elle savait ce qui se passait. J'ai murmuré n'importe quoi et j'ai arrêté. »

Parfois, frères et sœurs s'adonnent à des jeux sexuels, mais le partenaire est plutôt le frère, et non la sœur. « Ma sœur et moi, nous avons partagé la même chambre jusqu'à ce que j'aie quinze ans. Je ne jouais jamais avec elle à ces jeux où on se touche. Quand j'ai voulu apprendre à embrasser, j'ai demandé à mon frère. Pendant six mois environ, nous avons joué au jeu du baiser. Nous nous allongions sur le lit et nous tenions dans les bras l'un de l'autre. Avant, nous fermions la porte. Ensuite, nous étions là, allongés, je lui disais comment il devait me toucher et me tenir, où il devait poser sa main, etc. Nous nous embrassions sur la bouche, ce n'était pas des baisers avec la langue, mais il était clair que nous nous embrassions sur la bouche. »

Jalousie et rivalité

Parfois, on dresse les sœurs l'une contre l'autre. On trouve l'une plus jolie ou plus intelligente ou plus bête. Cela aussi conduit à de douloureux conflits.

« Nous nous crêpions littéralement le chignon. Parfois nous nous retrouvions avec des touffes de cheveux dans la main – des cheveux de l'autre. Je réussissais toujours à passer pour la victime auprès de ma mère et à ce que ma sœur, mon aînée d'un an, soit toujours grondée. Seules moi et ma tante savions que c'était moi qui, en règle générale, avais provoqué ma sœur. Ma mère aussi aurait pu le voir mais elle ne le voulait pas, j'étais tout simplement sa préférée. J'apprenais facilement, et ma mère était donc fière de moi. Ma sœur jouait bien mieux du piano, mais j'étais la chouchoute de notre professeur. On prenait souvent ma sœur pour une idiote et cela la complexait. Je profitais de la situation et, quand j'étais très énervée après elle, je la traitais de crétine devant tout le monde. Je sais que je lui faisais beaucoup de mal. Elle savait que ce n'était pas loyal. Elle était plus âgée, faisait beaucoup plus d'efforts et prenait de nombreuses responsabilités, mais c'était tout simplement moi, la petite dernière, que tout le monde aimait. Je le savais parfaitement et en profitais tant que je pouvais, je faisais du charme aux adultes, femmes ou hommes, je jouais toujours à la petite mignonne. Ma sœur était bien trop honnête pour jouer à ce jeu-là ! Les plus grandes disputes étaient déclenchées quand je mettais ses vêtements. Elle restait plantée au beau milieu de la rue et hurlait : "Enlève ma robe !" Bien sûr, c'était impossible. J'en étais très gênée.

Elle avait l'impression que ma mère l'aimait moins que moi. Pourtant, quand j'ai eu mon premier grand chagrin d'amour et que j'étais complètement désemparée, c'est elle qui m'a soutenue. Elle m'a emmenée avec elle au Brésil et j'ai passé des vacances merveilleuses.

C'est elle qui la première a été invitée par un garçon. A cette époque, elle avait quatorze ans et les garçons lui tournaient autour. Je la regardais toujours se préparer pour sortir. Nous avons dormi dans la même chambre jusqu'à ce que j'aie seize ans. Aucun garçon ne faisait attention à moi. J'avais dix-huit ans quand je suis sortie pour la première fois et que j'ai embrassé un garçon. Et ce n'est que bien plus tard que j'ai eu un vrai petit ami. Ma sœur était certes la Cendrillon de la famille, mais en dehors de la maison elle était plus aimée que moi et on la trouvait super. »

Il existe certainement une meilleure façon de vivre ensemble que celle qui provoque de tels sentiments d'envie, qui laisse si peu d'espace à l'amour et au respect mutuel. Il n'est pas toujours uniquement question de jalousie entre sœurs. Les forces qui se trouvent derrière les conflits et les attisent sont la haine de soi et le besoin de justifier sa propre existence, d'apporter la preuve que l'on est un être de valeur. La pression exercée par la société peut engendrer chez certaines femmes une attitude défensive permanente. Celle-ci agit sur les filles comme le font la violence et la drogue et, bien qu'invisible, elle marque les filles quand les parents utilisent, comme dans le cas précédent, la tactique du diviser pour mieux régner.

Une femme analyse l'aversion qu'elle éprouve pour sa sœur dans ces termes : « Une sœur est quelqu'un qu'on hait vraiment. On souhaite qu'elle n'existe pas. Avec mon frère, il n'y avait pas tant de conflits et de rivalité, lui et moi nous entendions bien. Mais ma sœur et moi nous disputions sans répit. Je crois que ma mère provoquait nos querelles, elle nous déstabilisait. Parfois, elle disait à l'une qu'elle la préférait, puis elle disait la même chose à l'autre. Lorsque nous nous disputions, elle se mettait tantôt du côté de l'une, tantôt du côté de l'autre, selon son envie et son humeur. La justice n'avait rien à voir là-dedans. »

Une autre femme souffre encore, alors qu'elle est

adulte, de ce mélange de peur et de jalousie et se demande si sa mère l'aime autant que sa sœur. Elle a l'impression de ne toujours pas être reconnue bien qu'elle soit indépendante et qu'elle ait sa propre maison.

« Ma jeune sœur ne sait pas apprécier quoi que ce soit ! Pourtant, elle a un enfant alors qu'elle a cinq ans de moins que moi ! Ma mère l'aime passionnément et lui a offert une maison. J'ai dû acheter la mienne toute seule. J'entendais sans cesse : "Evelyn y arrive, elle est si douée, elle peut se débrouiller toute seule, elle a un métier." Ma mère est vraiment jalouse de mon métier. On aurait pu supposer qu'elle m'aiderait, au lieu d'être jalouse, qu'elle se serait rendu compte que j'ai la vie dure. Ma mère est contente que ma sœur lui ressemble – une femme au foyer pas trop intelligente. Je me suis efforcée de soutenir ma sœur dans son métier, et tout marchait d'ailleurs assez bien. Puis, elle a tout envoyé paître parce qu'elle trouvait ça ennuyeux, c'est ce qu'elle affirmait. Donc, ma mère la récompense parce qu'elle-même se sent mieux. Ma mère a loué pour mon frère un appartement ; lui aussi, elle essaie de l'aider. Mais, moi, il faut toujours que je sois compréhensive. Selon le refrain : "Nous savons que tu t'en sortiras de toute manière." Malgré tout, je passe tous les Noëls au sein de ma famille. En fait, je l'aime bien. Et même quand je bous de rage, je préfère passer Noël avec elle qu'avec mes meilleures amies ou mon copain. Pourtant, j'ai déjà trente-deux ans. »

Le problème de cette femme est que sa sœur a reçu de l'affection de la part de sa mère parce qu'elle a un enfant. Son autre fille, qui vit seule, ne reçoit pas cette affection. Ce qu'elle fait ne compte pas. On la jauge pour savoir à quel point elle correspond à l'archétype de la société. Et en tant que femme célibataire, elle n'y correspond absolument pas.

Une autre femme avoue combien elle a souffert lorsque sa sœur a eu une relation avec son ancien petit ami : « Ma sœur a quatre ans de moins que moi. Je venais de terminer le lycée quand j'ai emménagé avec mon ami. Notre relation a duré trois ans. Il me disait que j'étais l'amour de sa vie. Mais quand je me suis consacrée de manière intensive à mes études d'art, cela ne lui a pas plu et, pour finir, nous nous sommes séparés. Alors il a commencé à sortir avec ma sœur. Il a emménagé chez elle et a vécu avec elle comme il l'avait fait auparavant avec moi. J'ai haï ma sœur pour ce qu'elle avait fait et je ne lui ai pas parlé pendant des années. J'ai été meurtrie, je me suis sentie trahie. Mes parents n'ont fait que rire de ma souffrance, ils me disaient : "Tu sais bien qu'on ne peut pas arrêter ta sœur quand elle a quelque chose dans la tête." Sans doute m'a-t-elle toujours enviée. Fillettes, nous étions si proches, elle m'empruntait mes vêtements, nous nous aimions, nous jouions ensemble, nous grimpions ensemble aux arbres... Pourquoi m'a-t-elle fait ça ? Je me suis complètement éloignée de ma famille. Je leur rends visite de temps en temps, et une fois, j'allais très mal, ma mère est aussitôt venue et m'a aidée, mais je ne la considère pas comme un soutien important dans ma vie, je ne suis plus aussi proche d'eux qu'autrefois. Je me sens encore très seule et abandonnée, même après toutes ces années. Il faut que je les évite et que je construise ma propre vie, je n'ai pas d'autre choix. Finalement, ma sœur s'est séparée de cet homme ; après il m'a téléphoné et dit que c'était moi en fait son grand amour. J'ai tout simplement raccroché. Qu'est-ce que ça voulait dire après qu'il avait vécu toutes ces années avec elle ? Quelle autre attitude aurais-je pu avoir ? Je suis partie habiter dans une autre ville et je les ai tous laissés plantés là. »

Visiblement, cette femme souffre du fait que son ami ait précisément choisi sa sœur, et qu'il soit resté pour ainsi dire dans la famille. S'il avait emménagé chez n'importe quelle autre femme, elle aurait certainement été plus à même de le supporter.

Espace et amour

Pourquoi les sœurs se disputent-elles plus souvent entre elles qu'avec leurs frères ? Les sœurs s'opposent pour recevoir leur quote-part d'une matière première rare : l'amour. En effet, on accorde aux filles de l'amour en quantité limitée – tout comme on alloue généralement une somme d'argent moindre à leur éducation, à leur habillement et à leurs activités sportives. Une femme, que j'ai rencontrée lors de mon enquête, se souvient avec horreur de l'ostracisme que subissaient les filles de la famille pour qui elle travaillait. On leur répétait qu'elles étaient moins désirées que leur frère.

« Je me souviens que nous étions six autour de la table, dont trois enfants, deux filles et un garçon. Le père privilégiait le garçon, cela sautait aux yeux. Une fois, il a accusé les filles de s'empiffrer, de trop manger ! C'est la plus jeune qui a tout pris, il lui a dit : "Continue comme ça, Ève, enfourne bien tout dans ton gosier comme un cochon, bouffe tout, comme les animaux..." C'était encore pratiquement un bébé. On l'asseyait encore sur une chaise haute. Je me rappelle qu'elle était sur le point de manger un morceau. Elle s'est raidie et a pris un air coupable, elle s'est sentie humiliée. Je ne crois pas qu'elle s'en soit remise, et ce n'est qu'un exemple parmi tant d'autres. Même leur mère, qui affirmait les aimer, ne parlait d'elle qu'en l'appelant “pauvre Ève”. »

Les filles doivent se battre pour conquérir espace et amour ; c'est jamais ou rarement le cas pour les garçons. On entend souvent des phrases telles que « Il y a trop de filles ! » ou bien « Le père voulait bien sûr un garçon – mais une fille, c'est sympa aussi ». Juste avant et surtout pendant la puberté, on laisse moins sortir les filles que les garçons. La raison invoquée est que celles-ci courraient plus de risques.

La plupart du temps, dès qu'elles ont leurs règles, on fait clairement comprendre aux filles qu'elles ne doivent plus traîner mais rentrer à la maison à l'heure tapante. Il paraîtrait que les filles deviennent lunatiques dès qu'elles sont réglées ; cette idée ridicule a certainement une autre explication : elles sont exaspérées. Peut-être en ont-elles ras le bol de rester enfermées chez elles ! Elles débordent d'énergie et ont envie de sortir, de faire des expériences, de découvrir le monde, d'être en groupe !

Les filles sont soumises à une plus forte pression et à une surveillance plus sourcilleuse. On attend d'elles qu'elles aient moins de tempérament, qu'elles soient plus conformistes. Les garçons ont le droit de faire des frasques – surtout à l'adolescence. Sont-ils autrement et c'est alors que les parents se font de la bile ! Mais si une fille sort du rang, elle entend les pires menaces, telles que « Tu ne veux quand même pas ressembler à ces filles dévergondées », et « Tu vas avoir mauvaise réputation ».

Les filles réagissent à leur exclusion soit en choisissant le conformisme le plus extrême soit en essayant d'user de leur supériorité envers une sœur, « en ne la laissant pas lui marcher sur les pieds ».

Bien sûr, les comportements ne sont plus aussi systématiques et prévisibles aujourd'hui mais les mentalités restent lourdement tributaires de discriminations millénaires. Je douterai pourtant du progrès tant qu'une femme ne sera pas chancelier de la République fédérale d'Allemagne ou présidente des États-Unis d'Amérique et aussi longtemps que les femmes n'occuperont pas la moitié des sièges dans tous les comités directeurs. Toutes ces grandes institutions reflètent des préjugés qui perdurent. Elles montrent combien on estime peu les filles. Tant que les grandes entreprises seront dirigées par des hommes, on aura toujours l'impression que c'est une loi de la nature et qu'il n'y a aucune raison pour que les choses changent.

Les sœurs perçoivent très tôt ces signaux camouflés que la société leur envoie et font passer tacitement le message aux suivantes, c'est-à-dire à leurs propres sœurs ! Une sœur découvre les faiblesses de l'autre et les exploite pour avoir du pouvoir.

« Je n'aime pas ma sœur. Je n'aime pas lui téléphoner. Je ne l'aime pas en tant qu'individu. Elle n'a pas un mauvais fond, mais c'est une incorrigible snobinarde. Je ne parle pas volontiers avec elle ; pour elle je viens d'une autre planète. Ce n'est pas ça qui va m'aider. Elle fait comme si c'était une catastrophe que je sois comme je suis. Je suis une femme indépendante. Ne comprend-elle pas que cela m'a demandé beaucoup de boulot ? Que j'ai grandi dans du coton, tout comme elle, mais que je me suis battue pour m'en sortir ? Pense-t-elle que ce n'est pas bien ? C'est certainement ce qu'elle pense, car sinon elle monterait aussi au créneau. J'espère qu'elle est heureuse, mais j'en doute. »

D'autres sœurs choisissent d'entretenir des contacts réguliers. Cependant, elles représentent davantage l'une pour l'autre des points d'ancrage que de très bonnes camarades. Le devoir leur commande de se secourir quoi qu'il arrive. Souvent, les femmes se sentent coupables et elles sont troublées par le fait qu'elles préfèrent leur amie à leur propre sœur.

« Ma sœur et moi, nous avons vécu beaucoup de choses ensemble. Comme certainement personne d'autre, je comprends ses évolutions et ce qu'elle est devenue. En même temps, je ne me sens pas aussi proche d'elle que de ma meilleure amie. Je ne comprends pas pourquoi c'est ainsi. Je suis loin de connaître mon amie aussi bien que ma sœur et je devrais préférer ma sœur, mais c'est mon amie que j'aime le plus. »

« L'amour que je porte à ma sœur est différent. Ma sœur représente la société, au contraire de mon amie qui est une partie de moi, celle qui a envie de se détendre et de s'amuser – de se réaliser. »

« J'aime mes amies. Je peux les choisir librement. D'ailleurs, je connais quelques femmes, très belles, intelligentes et épanouies. Par contre, ma sœur et moi nous ne sommes pas sur la même longueur d'onde. Je la trouve trop infatuée. Elle pense qu'elle sait mieux que moi qui je suis, mais elle est complètement à côté de la plaque, elle est pleine de préjugés sur les choses que je fais. Ils sortent tout droit des prêches de ma mère. Cette dernière avait des vues très étroites. Ma sœur pensant comme elle, on la prend bien sûr pour une sainte. En plus, elle est si tolérante avec moi... alors que moi, je suis "dépravée". En vérité, je crois qu'elle m'envie, mais elle ne l'avouera jamais. »

Dans la vie d'une femme, meilleure amie et sœur occupent toujours des fonctions différentes. La différence consiste dans le fait qu'avec une amie – comme l'exprime une femme – l'on « est libre de se choisir un nouveau moi. Avec une sœur, tout est figé. Elle rappelle les parents et leur système de valeurs. Pour moi, ma sœur incarne la pression de la société ».

La différence entre amies et sœurs

Une femme forme avec sa meilleure amie une constellation à deux, un duo. Les femmes aiment avoir une meilleure amie, établir une relation de confiance privilégiée et réciproque. Pour les adolescentes, l'amitié est très importante, non seulement pour s'amuser ensemble, mais pour créer un espace personnel, un monde qui leur appartient, un vrai monde qui ne dépend pas de la loi des adultes.

Ensuite, cette amitié intime se transforme en un problème de loyauté. Si les femmes ont le droit d'avoir une telle amitié jusqu'à ce qu'elles se marient ou vivent avec un homme, elles doivent en général faire un choix après (voir également le chapitre sur les amitiés féminines). Il est fréquent que la relation se distende dès qu'un homme entre dans la vie de l'une des deux. La société peut fournir des explications : l'amitié est arrivée à son terme, elle est morte, on passe aux choses sérieuses, famille, mari, enfants. Certes, on jure ses grands dieux que cela n'arrivera jamais, et parfois, la promesse est tenue, mais cela demande courage et ténacité, car pour pouvoir maintenir une amitié avec une autre femme, on doit ferrailler contre l'ordre social, enfreindre les règles de la vie de famille.

Cette exigence concerne dans une moindre mesure

les relations existant entre deux sœurs, même amicales et intimes, car une sœur fait partie de la famille.

De nombreuses femmes sont jalouses des sœurs de leurs amies. Elles craignent d'être exclues de l'intimité qui unit deux sœurs. Autrement dit, la jalousie signifie la peur de perdre. Les sœurs se disputent certes mais, face à des étrangers, elles peuvent devenir des alliées. Il est pratiquement impossible de faire irruption dans une famille, celle-ci forme un cercle magique. Personne n'a le droit de dire quoi que ce soit contre la famille. Voici ce qu'en pense une femme :

« Avec cette amie, je n'ai jamais l'impression d'avoir une relation vraiment personnelle, réellement intime parce que sa sœur se tient toujours à l'arrière-plan. Je déteste qu'elle raconte à sa sœur des choses que je lui ai confiées. Je m'en rends toujours compte car, petit à petit, elle me raconte comment sa sœur a réagi ! Un jour, j'ai explosé. Je lui ai demandé d'arrêter, sans quoi je ne pourrais plus la considérer comme mon amie. Et qu'est-ce qui s'est passé ? A-t-elle compris à quel point elle m'avait blessée ? Non. Elle s'est fait consoler par sa sœur. Sa sœur est toujours là quand elle en a besoin et elle la réconforte. Moi, elle peut purement et simplement me laisser tomber, elle s'en sort très bien sans moi. »

Est-il plus difficile ou plus facile d'avoir une relation intime avec une autre femme pour celles qui ont une sœur (étant donné qu'elles savent déjà ce qu'est une relation féminine) ? Naturellement, il arrive que les sœurs se marient ! Mais ce n'est pas la même chose. D'après les règles patriarcales, c'est l'homme qui occupe la première place dans la hiérarchie familiale, et comme la sœur fait partie de la famille, il n'y a *a priori* aucun conflit.

L'archétype de la fille n'existant pas dans la culture occidentale[1], il est très important pour les femmes de se construire une identité à travers le regard de l'autre, l'amie qui est aussi démunie face à ce manque flagrant de repère symbolique. Les amies se donnent mutuellement la reconnaissance que la société leur refuse. En tête à tête avec son amie, une femme peut dire comment elle perçoit le monde qui l'entoure, écouter ce que son amie a à lui dire, les deux femmes peuvent échanger leurs opinions et se mettre d'accord sur ce qu'est la réalité.

Il est peu probable que de telles conversations aient lieu entre sœurs. Cela est dû au fait que la sœur représente la famille et la société. Lorsqu'on discute avec sa meilleure amie, on se sent libre, car c'est un véritable échange de vues. La sœur pourrait rendre compte de la teneur de la conversation à la famille. Il est donc préférable de parler de choses intimes avec une personne étrangère.

Les femmes ont besoin d'échanges personnels profonds, elles désirent pouvoir dire ce qu'elles ressentent vraiment, comment elles vivent véritablement les choses, et c'est souvent fort différent de ce que leur entourage ressent.

La société reconnaît la mère dans les conditions qu'elle a édictées, mais elle ne la reconnaît pas pour ce qu'elle pense en tant qu'individu. Dans une amitié avec une autre femme, lors de conversations où elle peut

1. Contrairement à l'archétype du fils ; cf. *The Hite Report on the Family*.

parler librement, la femme trouve à la fois reconnaissance et compréhension.

Les féministes des années soixante-dix ont forgé le terme de sororité pour désigner un lien stable et durable qui survit aux crises. Des enquêtes ont montré que si certaines « meilleures amies » ont des relations plus intimes que des sœurs, celles-ci peuvent cependant mal se terminer. En revanche, il est rare que des sœurs rompent totalement le contact. La relation entre des sœurs est conforme au système, faite pour durer. Les amies, quant à elles, souhaitent un monde nouveau, un monde plus libre dans lequel chaque femme aurait le droit d'exprimer ses rêves, ses préoccupations, des désirs qui seraient libérés de la répétition et du passé.

« Les sœurs – j'en ai eu cinq, je sais de quoi je parle – font de toi une parfaite diplomate. Comme tu ne souhaites pas être sempiternellement mêlée à n'importe quelle chamaillerie et à des crises d'hystérie, tu apprends à contrôler tes émotions. »

Cela n'est cependant pas une situation immuable. En reconsidérant leurs souvenirs d'enfance, en les replaçant dans un contexte familial particulier, les sœurs peuvent apprendre à devenir amies, à se reconnaître en tant qu'individus que lie une merveilleuse complicité.

III

Les amies

On a calculé que les femmes n'apparaissaient ensemble sur le petit écran que pendant 6 % du temps d'antenne. Le reste du temps est dédié aux hommes. Pourtant, lorsque les relations unissant des femmes sont au premier plan d'un feuilleton par exemple, celui-ci rencontre un vif succès. La série américaine *L'Extravagante Lucy* fut diffusée dans quatre-vingt-six pays pendant trente-cinq ans. Aujourd'hui le feuilleton *Les craquantes* est également plébiscité dans le monde entier.

Pourquoi les amitiés féminines ne jouent-elles pour ainsi dire aucun rôle dans les médias ? Pourquoi n'apparaissent-elles pas dans les dictons ? Tout ce qu'on entend sont des remarques désobligeantes telles que « les femmes sont des garces entre elles ! » Et quand on veut aborder la question de l'amitié féminine, on se voit répliquer : « Oh ! Vous voulez parler des relations lesbiennes ? » Les amitiés féminines ont pourtant le vent en poupe. Le climat de ces vingt dernières années, plus favorable aux femmes, ainsi que leur indépendance financière font qu'aujourd'hui celles-ci peuvent choisir leurs amitiés plus librement.

Pour la société, le fait que les femmes ont de bonnes relations entre elles n'ébranle en rien le monde. Seules lui importent les relations que les femmes nouent avec les hommes. L'intérêt se concentre sur des questions telles que : les femmes choisiront-elles également à l'avenir de se marier et d'avoir des enfants ? On n'accorde aucune place privilégiée aux relations entre femmes.

Les médias comme la littérature usent volontiers du cliché de la garce, caricature qui n'a rien à voir avec la réalité. Pourquoi une femme n'aurait-elle pas le droit d'exprimer, même s'il est intempestif, un avis personnel et de s'opposer aux autres ? Les femmes peuvent se montrer mutuellement affectueuses et respectueuses, mais il va de soi qu'elles peuvent aussi vibrer de jalousie et de rancœur, selon leur personnalité.

Le nouveau langage des sentiments

Les amitiés entre femmes sont de diverse nature, même si nous ne connaissons qu'un seul terme pour désigner cette relation. Il y a l'amitié classique, comme celle qui unit Lucy et Ethel dans *L'Extravagante Lucy* ; l'amitié moderne de Thelma et Louise, deux femmes célibataires ; il existe l'intense amitié de cœur mais aussi ces relations simples et pourtant merveilleuses où les femmes se comprennent et se soutiennent.

« Je discutais avec Anne-Marie de tous les sujets possibles et avec passion. Par exemple, elle me disait : “J'ai des sentiments mitigés concernant le dîner où nous nous rendons. Qu'est-ce que tu en penses ?” Alors, on en parlait. Ou lors d'une dispute, je pouvais m'exclamer : “Tu m'exploites vraiment.” Ça faisait tilt et elle me demandait : “Qu'est-ce que tu veux dire ?” Puis elle m'écoutait cinq ou dix minutes. Il se pouvait qu'elle se rebiffe contre ce que j'avais dit, mais seulement après m'avoir écoutée. C'est comme ça que cela marchait entre nous. »

« Pour les femmes, rien dans une relation n'est acquis d'avance. Les hommes pensent parfois : "On n'a qu'à faire ça ainsi, et ça marchera bien." Les femmes, elles, vont toujours discuter. Elles redéfinissent sans cesse la direction que prend leur relation. En tout cas, c'était comme ça entre nous. »

C'est avec une amie que la plupart des femmes – célibataires ou mariées – connaissent la relation psychique la plus intime. Même les hommes affirment que les personnes les plus proches d'eux sont des femmes. Lors de mes enquêtes pour le *Rapport Hite sur les hommes* (7 000 hommes américains, dans les années quatre-vingt), la plupart des hommes mariés confirmaient ce fait. En revanche, la majeure partie des femmes mariées ne disaient pas que leur mari était leur meilleur ami. Les hommes et les femmes semblent privilégier les relations amicales avec les femmes. Ces dernières qualifient ces amitiés de fortes, chaleureuses et pleines d'émotions :

« Quand nous sommes ensemble, j'ai l'impression que le monde nous appartient et que tout sera possible tant que mon amie sera à mes côtés. Elle est merveilleusement drôle. Je me sens très heureuse quand je suis en sa compagnie. Mais le plus important est qu'elle renforce la confiance que j'ai en moi. Je me sens protégée. Nous sommes amies depuis trente ans. Elle est très fine : elle me fait remarquer des choses sur moi-même dont je n'ai pas pris conscience. Elle me fait réfléchir. Nous discutons pendant des heures. Un lien très fort nous unit. »

« Je sais que ma meilleure amie agit toujours dans mon intérêt et qu'elle défend mon point de vue même quand je ne suis pas là. Les petits riens de la vie quotidienne nous procurent beaucoup de plaisir, nous passons le plus clair de notre temps à bavarder et à discuter sur le sens de notre existence sur terre. Nous sommes convenues d'avoir toujours du temps l'une pour l'autre même quand nous avons une liaison amoureuse. »

« Ma meilleure amie m'écoute mais ne porte pas de jugement sur moi, elle me prend telle que je suis. Nous discutons pendant des heures chez elle ou chez moi. Je sais qu'elle me comprend parfaitement, et elle me manque quand nous ne trouvons pas de temps pour nous voir. »

« Je connais ma meilleure amie depuis quinze ans. Je l'aime car je peux être avec elle complètement libre et franche. Elle ne m'en veut pas de ne pas toujours être en forme. Nous avons passé une bonne partie de notre vie ensemble, si bien qu'elle me connaît certainement mieux que quiconque. Nous faisons un tas de choses toutes les deux : les courses comme les vacances que nous passons à l'occasion avec nos amis. Elle était à mes côtés quand j'ai eu mes enfants, quand j'ai divorcé et quand j'ai traversé une phase dépressive. Elle était là chaque fois que j'ai eu besoin d'aide. Nous passons – essayons de passer en tout cas – au moins une journée par semaine ensemble, et nous nous racontons ce que nous avons fait. Nous nous téléphonons quatre ou cinq fois par semaine, parfois plus. Quand c'est possible, on se voit même tous les jours. »

« La plupart du temps, nous nous retrouvons chez elle et nous nous occupons ensemble de nos enfants. Mais nous veillons aussi à nous voir de temps en temps seules, sans les enfants. Nous prenons tout simplement un jour de libre, puis nous allons déjeuner, nous faisons des courses, flânons en ville, allons à des expositions, et nous discutons – c'est à cela que nous employons presque tout notre temps. Nos conversations sont ce qu'il y a de mieux dans notre amitié. Nous pouvons parler de tout. Quand j'ai besoin d'un conseil ou d'aide, c'est à elle que je m'adresse en premier. »

De nombreuses femmes partagent ainsi des moments du quotidien, appréciant avant tout que leur amie s'intéresse à ce qu'elles pensent et ressentent : « Quand nous sommes ensemble, nous bavardons sans discontinuer, et le temps file, une heure semble une minute. Mon amie est mon alliée dans les meilleurs comme dans les mauvais jours. Quand je suis auprès d'elle, je me sens heureuse, stimulée et confiante. Sa façon positive de voir le monde me plaît. C'est une femme très intelligente et qui a un cœur d'or. Nous parlons de nos sentiments et de la manière dont nous percevons la vie. Nous analysons nos réactions l'une envers l'autre ainsi que nos attitudes face aux autres. »

Les femmes soulignent à quel point cela leur fait du bien de parler sans retenue avec leurs amies sans être mises sous pression, culpabilisées ou jugées : « Nous nous sommes toujours tout raconté. Nous discutons des heures sur tout et rien. J'ai l'impression de pouvoir tout lui dire. Elle m'aime comme je suis. Nous allons à la plage ou, tout simplement, nous nous promenons. Nous aimons la nature, nous amuser et bien manger. »

« J'ai une amie avec qui je peux parler de ma vie sexuelle. Il n'y a rien qui nous choque, et nous parlons ouvertement de tout. Nous sommes très proches depuis quatorze ans. Elle me comprend mieux que quiconque, même mieux que mon mari. »

« Ce qui me plaît chez elle ? Elle ne râle jamais après moi – elle m'écoute et s'intéresse vraiment à ce que je dis. »

Des amitiés très fortes peuvent durer des décennies et faire fi des distances aussi grandes soient-elles. De nombreuses femmes restent amies toute leur vie : « Nous avons fait connaissance le jour de la rentrée au collège. C'était il y a vingt-huit ans. Le lien qui nous unit est indéfectible, même si nos vies diffèrent complètement. Cela fait maintenant quinze ans que nous ne vivons plus dans la même ville. Aucune de nous deux n'est mariée ni n'a d'enfants. Quand nous sommes ensemble, je me sens un individu à part entière. En ce moment, nous ne nous voyons qu'une fois par an, quatre mille cinq cents kilomètres nous séparent dorénavant, mais nous nous écrivons régulièrement et nous nous téléphonons quand nous avons des nouvelles intéressantes à communiquer ou s'il y a un problème. C'est une personne très calme, et moi, je suis plutôt agitée. Nous allons au restaurant, au cinéma, après quoi nous parlons du film pendant des heures. Nous partons en voyage ensemble. Cela n'a l'air de rien, mais notre amitié est pour nous deux d'une importance cruciale. »

Les amitiés d'enfance et de jeunesse restent souvent les plus fortes, les plus intimes de toute la vie des femmes : « Au cours préparatoire, nous formions toutes les deux un groupe avancé de lecture, seulement toutes les deux. Ma mère ne voyait pas notre amitié d'un bon œil parce que la mère de mon amie n'était pas une bonne ménagère et qu'elle élevait de nombreux animaux domestiques. Parfois, nous nous enlacions et, une fois, une fille nous a traitées de “perverses”, nous ne savions même pas ce que cela signifiait. Peut-être est-ce pour cette raison que ma mère se faisait du souci ! Pourtant, notre relation n'avait rien de sexuel. Un jour, je lui ai proposé de jouer au docteur mais elle a gentiment refusé. »

« Nous sommes inséparables depuis l'âge de treize ans.

Nous sommes allées ensemble à notre première boum. Nous avons mis des semaines à choisir les vêtements que nous allions porter, et Jen a passé un après-midi entier à enlever des perles en strass du chemisier que je voulais porter, tout simplement parce que je ne les aimais pas. Je me souviens encore aujourd'hui de l'importance que ce petit geste a eue pour moi.

Plus âgées, nous formions une petite clique, elle, moi et nos petits amis respectifs. Les deux garçons étaient aussi de bons copains, nous étions tout le temps ensemble. C'était formidable. Nous étions toutes deux conscientes de l'injustice faite aux femmes. D'un côté, la femme est l'objet sexuel de l'homme et, de l'autre, elle est méprisée pour cette même raison. Nous nous sommes toujours battues contre cela. Mais, ensemble, nous nous amusions, nous faisions des fêtes, nous racontions nos misères avec les hommes et nous confiions nos plus grands secrets. »

De nombreuses femmes se soutiennent émotionnellement pendant les mauvais moments – quand elles ont des problèmes relationnels avec les hommes, quand elles traversent des crises conjugales, qu'elles se séparent et divorcent : « Notre commerce était en faillite, les créanciers nous acculaient et j'avais deux emplois sans avenir pour lesquels je recevais un bas salaire pour soixante heures de travail par semaine. Je n'avais pas le temps de m'occuper de ma fille de deux ans. Notre couple n'a pas tenu le coup sous la pression et les reproches. Je n'arrêtais pas de pleurer en allant au travail et en revenant à la maison. Cela a duré deux mois environ. La voiture était le seul endroit où j'étais seule – jusqu'au jour où j'ai craqué. J'ai pensé tout simplement prendre ma voiture, un peu d'argent et disparaître. Je n'ai pas pu m'y résoudre, mais j'avais l'impression d'être tombée dans un piège. J'ai appelé une amie en lui disant qu'il fallait à tout prix que je la voie. Elle a perçu ma détresse et a pris du temps pour moi bien qu'elle ait été en train de faire ses bagages, car elle partait le lendemain en vacances. J'étais dans sa voiture et je sanglotais dans ses bras. Après cette expérience qui a eu un pouvoir réparateur incroyable – c'était la première fois de ma vie que j'adressais une telle demande à quelqu'un, et mon amie a répondu présente – les choses se sont améliorées petit à petit. »

Les femmes décrivent leurs amitiés avec d'autres femmes comme une part très satisfaisante de leur vie qui leur permet de reprendre pied et d'améliorer leurs rapports affectifs et professionnels : « En général, mes relations avec les femmes sont plus empreintes de confiance que celles que j'entretiens avec les hommes : l'empathie des femmes est toujours réelle, jamais feinte. On peut leur faire confiance, parler avec elles – elles tentent de vous aider, de trouver une solution. Quand il s'agit de résoudre des problèmes, elles ont tout simplement plus d'imagination. Elles essaient de faire bouger les choses. »

Les discussions entre femmes : un monde à part

Les relations entre femmes constituent un monde particulier, une sorte de microcosme avec ses propres règles et sa signification singulière. Si les amitiés féminines sont si importantes, c'est parce que les femmes peuvent grâce à elles trouver qui elles sont et qui elles voudraient être. Certaines amitiés sont de grandes histoires d'amour – même si elles n'ont rien à voir avec l'amour physique.

Dans les années soixante-dix, le mouvement féministe a fait la guerre à la soumission des femmes, ce qui fut très important à l'époque. Mais cette attitude de défense a eu pour conséquence de jeter le bébé avec l'eau du bain. Aujourd'hui, on se demande si, dans leur vie privée, les femmes doivent vraiment se comporter comme les hommes ou si elles ne feraient pas mieux de lutter contre les railleries dont leur féminité est la cible. Il est hors de question de copier le modèle masculin, il faut au contraire mettre fin aux moqueries que subissent les qualités féminines. Les femmes feraient mieux de se montrer attentives et cordiales avec les autres femmes, car celles-ci seraient affectueuses en retour, comme les témoignages recueillis le prouvent. Autrement dit, les qualités féminines ne sont absolument pas mauvaises par nature, elles sont seulement employées à mauvais escient. Résultat : elles sont devenues le symbole de la femme opprimée, modeste et gentille par obligation.

Le type de relation que les femmes ont développé entre elles est un mélange complexe d'échanges affectifs et intellectuels. Cette façon de communiquer pourrait avoir valeur d'exemple pour la société tout entière et devenir la politique de l'avenir.

Quand les qualités traditionnelles de la femme, l'entraide, la prévenance et le sacrifice se manifestent entre femmes, elles engendrent des discussions fructueuses et des liens satisfaisants d'un point de vue émotionnel. La plupart des femmes se rendent compte que leurs congénères sont réceptives à la gentillesse et qu'elles expriment leur gratitude d'être reconnues et confirmées dans ce qu'elles sont. Dans ce système de valeurs féminin, discuter signifie comprendre l'autre et le laisser parler. Il n'est pas question de le juger, de l'obliger à adopter le même point de vue, ou de gagner des points.

Les femmes parlent entre elles autrement que les hommes. Elles communiquent de façon particulière. Elles décrivent leurs sentiments en détail, et elles prennent le temps d'expliquer de quoi il retourne vraiment. Elles essaient de se représenter ce que leurs interlocutrices ne disent pas – elles travaillent de concert afin de mieux comprendre les sentiments qu'elles tentent d'exprimer.

Parlant plus librement entre elles, elles sont plus souvent sur la même longueur d'onde, ce qui engendre de nouvelles idées et une meilleure compréhension réciproque. Pourtant les conversations entre femmes sont dévaluées, souvent rabaissées au rang de bavardages et de commérages. Si certaines discussions relèvent du pur plaisir à papoter, elles ne sont pas pour autant dénuées d'éléments créateurs. On y met sur la sellette ses propres perceptions de la réalité, on y esquisse l'avenir.

Cette liberté qu'ont les femmes quand elles parlent ensemble donne naissance à une multitude de pistes nouvelles dont elles n'auraient pas pris conscience autrement. La conversation constitue pour elles un forum intellectuel et culturel, mais la discussion est la plupart du temps plus riche et plus complexe que les débats qui ont cours dans les journaux, domaine de prédilection des hommes. Elle repose sur une dialectique ouverte où tout peut être évoqué, le quotidien comme les grands problèmes de société, sans qu'il y ait de hiérarchie affichée, et de ce bouillonnement surgit souvent une prise de conscience enrichissante.

De nombreuses femmes trouvent qu'il est plus difficile de parler avec les hommes qu'avec les femmes. Elles ont l'impression que ceux-ci émettent des réserves ou qu'ils ne tiennent pas compte de ce qu'elles disent parce qu'ils se cramponnent à leur propre conception des choses. Les hommes ont une tendance certaine à camper sur leurs positions ou à vouloir dominer au lieu d'écouter. Leur attitude critique bloque nombre de femmes, et parfois les empêche de prendre la parole.

Les filles apprennent dès leur plus jeune âge à se doter d'une double personnalité. En présence des hommes, elles s'imposent moins et parlent moins. Elles ne disent pas ce qu'elles pensent et octroient aux hommes un plus grand temps de parole qu'à elles-mêmes. Une femme décrit son attitude ainsi :

« J'ai toujours eu l'impression que les hommes avaient plus d'importance que moi. Je ne me sentais pas à ma place à tout point de vue : j'étais trop grande, trop grosse, je parlais trop, j'avais trop de sentiments et réclamais plus de place que celle qui m'était allouée. »

En présence de femmes, il est rare que celles-ci ressentent ce genre de choses. C'est d'ailleurs pour cette raison qu'il faudrait peut-être considérer comme positif le nombre croissant de classes et d'écoles de filles aux États-Unis, même s'il est bien sûr préférable de ne pas avoir à séparer les sexes pendant les cours.

Les femmes tirent un immense profit de leurs amitiés et, pourtant, la société attend d'elles qu'elles accordent moins de place à ces relations qu'à leur couple ou à leur relation amoureuse avec un homme. Il n'existe aucune coutume institutionnalisée qui les célèbre, aucun anniversaire. Qui a jamais entendu parler d'une fête de l'amitié ?

Ces relations sont pourtant un pilier important dans la vie d'une femme, une institution parallèle et marginale garante de la cohésion sociale :

« Quand je veux vraiment parler de mes sentiments, ouvrir mon cœur à quelqu'un, il m'est plus aisé et plus gratifiant de m'adresser à ma meilleure amie. Mon petit ami n'aime pas ça, il se sent mal. J'apprécie d'avoir le droit de rire, de pleurer ou de faire quoi que ce soit d'autre, et que tout ce que je dis soit accepté. J'aimerais pouvoir en faire autant avec mon compagnon. »

« Les femmes sont en règle générale plus compréhensives, elles entretiennent de meilleurs contacts avec les autres, elles ne pinaillent pas sur des détails. Les femmes s'entraident parce qu'il leur est plus facile de parler ensemble et cet encouragement leur donne de la force. Nous prenons davantage soin des autres, nous aimons plus et nous ne craignons pas de le montrer à nos amies. Les hommes peuvent aussi devenir de bons amis, pourtant il leur est impossible de se mettre à la place des autres comme le font les femmes. C'est triste mais vrai. Le mari devrait être un bon ami avec qui on pourrait tout vivre en commun. Il me semble que les couples les plus stables et les plus heureux sont formés par un homme et une femme qui sont bons amis. »

« Il m'est plus facile de parler avec des femmes parce que les hommes se réfugient derrière la logique quand on exprime une réaction émotionnelle. Nous avons besoin de quelqu'un avec qui rire, nous réjouir, pleurer. Si je pouvais parler avec mon mari et lui avec moi comme je le fais avec ma meilleure amie, cela marcherait du tonnerre. »

Il est même moins difficile de dépasser la différence de classe, de race ou de situation familiale entre femmes que la différence des sexes. Des femmes d'origines diverses peuvent plus aisément parler ensemble qu'avec des hommes, y compris avec celui qu'elles aiment.

Quand une femme dit qu'elle aime les femmes parce qu'elle peut parler avec elles, que celles-ci essayent de trouver des solutions et qu'elles sont à ce sujet pleines d'imagination, cela signifie-t-il qu'elle trouve que les femmes sont des êtres sympathiques ou qu'elles sont intelligentes et douées ? L'ouverture d'esprit, la générosité et l'intelligence seraient-elles des qualités contradictoires ? Selon le cliché bien connu, les femmes « rendent service », mais en même temps cette qualité est considérée comme un signe de niaiserie. C'est outrageant pour les femmes et cela ne rend pas justice à leur énergie et à leurs capacités intellectuelles. Ce n'est pas parce que les femmes ne mettent pas en avant leurs performances qu'elles ne font rien d'important.

Les discussions avec un petit ami ou un amant sont-elles plus difficiles parce qu'on est plus vulnérable dans une relation amoureuse ? Ou peut-on parler plus facilement avec les femmes car elles sont plus serviables et ont moins l'esprit de concurrence ? Les relations amoureuses semblent, en effet, être plus intenses et plus exigeantes, ainsi qu'une femme le décrit :

« Mon amour pour lui est beaucoup plus égocentrique et exigeant que l'affection que je porte à une femme. »

En outre, la véritable raison qui explique pourquoi même les hommes ont plus de « meilleurs amis » parmi les femmes que parmi les hommes est la suivante : les femmes pensent qu'une amie ou une amante est par principe là pour écouter et être compréhensive et non pour dominer ou juger sans répit.

On se moque souvent de la féminité, de l'amour et de la prévenance des femmes, des qualités synonymes de douceur mais dévalorisées. La raillerie viendrait-elle du fait que le progrès culturel de la femme n'est pas pris en considération, qu'il est invisible, tout comme ce qu'apportent en règle générale les femmes à la société ? Les gens apprécient et ont besoin des qualités féminines, mais les femmes ne sont en aucun cas honorées pour leurs qualités de cœur hautement développées ni pour leur capacité à vivre avec les autres. Au contraire : on leur colle en se moquant l'étiquette selon laquelle elles seraient « trop sentimentales », « trop émotionnelles ».

La solidarité féminine : un bien culturel

L'amitié et l'affection attentionnée sont considérées comme des valeurs traditionnelles de la femme. Les femmes pensent que l'écoute et le soutien sont des éléments fondamentaux de l'amour. A leurs yeux, la concurrence et la distance émotionnelle n'ont pas de place dans les relations personnelles. Les femmes possèdent un don d'observation et une capacité à ressentir les choses : c'est là un trésor culturel formidable. Les relations dans lesquelles ces capacités s'épanouissent peuvent servir de modèles pour toutes sortes de relations – ainsi que pour les institutions politiques et sociales. Toutefois, ces qualités féminines peuvent devenir dangereuses quand, dans une relation, il n'y a pas d'échange entre les partenaires, quand l'homme est au premier plan et que la femme est confinée dans un rôle de figurante.

On s'est si souvent moqué de la serviabilité des femmes qu'aujourd'hui celles-ci tentent de la réprimer. De nos jours, dans le monde du travail, les femmes doivent, sous la pression sociale, s'affirmer « comme un homme », contrôler leurs sentiments, moins parler, ne pas trop montrer leurs émotions et développer la faculté masculine de s'imposer. Cependant, nous serions bien avisés de nous demander si ce ne serait pas pire pour tous si les femmes refusaient définitivement d'être chaleureuses et serviables. La société ne ferait-elle pas mieux d'accueillir ces qualités avec grand respect au lieu de les tourner en ridicule ? Les hommes devraient apprendre à être plus affectueux, plus ouverts et plus féminins, à jouir davantage de la vie et à renoncer à une concurrence exacerbée, si masculine.

Jusqu'au dix-neuvième siècle, c'était les sages-femmes qui avaient pour mission d'aider les enfants à naître, car, par tradition, les femmes entraient en action dès qu'une situation devenait critique, dès qu'il était question de vie ou de mort. Leur vie durant, les femmes s'occupaient de toute la famille.

D'où vient aux femmes la réputation d'être incapables d'occuper des postes importants en dehors de la famille, ou d'assumer de grandes responsabilités ? Au mépris de tout ce que les femmes font vraiment de par le monde, on admet rarement qu'elles soient capables de changer radicalement l'univers. Elles sont bien plus cantonnées dans le rôle de l'assistante dévouée et n'ont souvent droit pour tout éloge que d'avoir « donné un coup de main » ou d'être « un soutien psychologique ». C'est dans les idées reçues – dont le langage est truffé – que se révèle la dévalorisation des performances féminines.

Lorsqu'une femme a besoin d'aide, d'une baby-sitter par exemple, lorsqu'elle tombe malade ou qu'elle cherche un abri, c'est la plupart du temps une autre femme qui répond à l'appel. Mépriser cette aide, la rabaisser en la comparant à d'autres réalisations – professionnelles – équivaut à une injure. Elle exige une grande flexibilité et un talent d'organisation important – qualités qui prédestinent en fait les femmes à occuper des fonctions qui jugulent les crises. On se demande pourquoi les femmes ont aujourd'hui encore tant de difficultés à obtenir de tels postes.

De plus en plus de femmes cherchent aide et soutien auprès de leurs congénères parce qu'elles se sont rendu compte que les femmes avaient un pouvoir certain, non seulement dans le domaine privé mais aussi au travail (il en sera question dans le chapitre V). Petit à petit, les femmes s'habituent à la pensée qu'elles ont du pouvoir, qu'elles peuvent le partager avec d'autres femmes et sont de plus en plus séduites par l'idée d'avoir un « mentor » :

« Elle est mon mentor pour tout ce qui est sentiment. Je n'oublierai jamais le jour où je lui ai parlé franchement. Elle est plus âgée que moi et nous sommes très proches. Au début de notre amitié, je lui ai confié quelques noirs secrets sur moi. C'était des choses que je n'avais dites à personne. J'avais peur, mais je savais qu'elle me comprendrait. Pendant que je lui racontais toutes mes histoires, j'observais son visage, elle n'avait pas du tout l'air choqué. Elle m'a seulement dit qu'elle était contente que je lui aie tout raconté, que j'aie suffisamment confiance en elle pour partager avec elle mes expériences. Pour elle, c'était capital. Je n'en croyais pas mes oreilles : c'est elle qui me remerciait alors qu'elle venait de me faire un précieux cadeau. En m'acceptant comme j'étais, elle m'a permis de changer ma vie et mes rapports aux autres. »

Les conflits

La vie n'arrête pas de nous tendre des pièges. Qu'est-ce qui, dans une amitié, peut mal tourner ?

1. La colère, la frustration et la jalousie

Comme toute autre relation, les amitiés féminines connaissent des hauts et des bas : lassitude, changement d'humeur, influences hormonales et oscillation de l'énergie jouent toujours un rôle. Il est peut-être moins courant d'avouer qu'on est jalouse de son amie.

« Ma meilleure amie me rend jalouse. Je me sens si coupable. Je déteste qu'elle passe plus de temps avec d'autres qu'avec moi, je me sens exclue. J'essaie de ne pas le montrer. »

Contrôler ce genre de sentiments fait partie des règles de savoir-vivre entre amies. Chacune d'entre nous souhaite – consciemment ou inconsciemment – être toujours au centre des préoccupations de l'autre ! Nous pouvons toutefois apprendre à nous maîtriser afin que nos relations marchent bien. D'ailleurs, nous y parvenons la plupart du temps. Cependant, nous sommes parfois obligées de payer un certain prix pour garder une amitié :

« Rien, dans la vie, n'est plus beau que d'être avec elle lorsqu'elle va bien. Mais, parfois, elle est d'une incroyable tristesse et c'est alors très frustrant. Je peux dire tout ce que je veux, rien n'y fait, et cela peut durer longtemps avant qu'elle ne sorte de cet état. Elle s'attend à ce que je l'écoute pendant des heures. Puis, quand elle va mieux, il faudrait que je passe mon temps avec elle d'un cœur léger ; je n'ai pas le droit de faire allusion aux mauvais moments.

Il m'est très difficile de lui dire que cela me met en colère. Elle est d'une telle sensibilité qu'elle fond tout de suite en larmes. Mais je trouve que je devrais pouvoir exprimer franchement mes sentiments, positifs ou négatifs. Je pense que c'est là un aspect important dans une amitié. »

Chacun est libre de juger si une amitié vaut ce prix. Étant donné que personne n'est parfait, il est préférable en cas de doute de prendre une décision en faveur de l'autre. Nous aussi nous faisons peut-être – voire très probablement – des choses qui rendent nos proches fous !

Qu'en est-il donc des problèmes typiques des femmes

entre elles ? Il ne s'agit pas ici de ceux qui naissent des conflits habituels, inhérents aux différences de personnalité. Il est question des problèmes avec lesquels les femmes ne cessent de se battre bien qu'ils soient solubles – à la condition de reconnaître qu'ils prennent leur source dans les conventions sociales et dans des attentes qui n'ont plus cours.

2. Le problème du manque d'assurance

Avons-nous tendance à nous sentir mal à l'aise en présence des femmes parce que nous avons peur qu'elles nous critiquent comme notre mère le faisait toujours ? Parce que notre mère était celle qui nous surveillait, nous punissait et nous faisait la morale, c'est elle qui nous critiquait le plus – mais c'est d'elle aussi que nous avons reçu le plus d'éloges. Il était douloureux d'entendre des critiques de la bouche d'un personnage si puissant, et cela nous empêchait de développer notre personnalité. Enfants, nous nous sommes promis de ne plus jamais nous retrouver dans pareille situation.

C'est pourquoi les femmes et les hommes ont une peur viscérale des femmes plus âgées et s'attendent au pire même si la relation est *a priori* bonne. C'est surtout vrai dans le domaine professionnel. Nous nous sentons plus vite gênés quand nous entendons des reproches de la part d'une femme que lorsque la critique vient d'un homme. Dans l'un et l'autre cas les critères sont différents.

3. La trahison : quand une amie est négligée au profit d'une nouvelle relation

La plainte la plus fréquente est celle d'une femme accusant son amie de la laisser tomber aussitôt qu'un homme entre dans sa vie :

« Il y a un an environ, ma meilleure amie est tombée amoureuse et elle s'est mariée. Puis, elle a trouvé que deux relations intimes étaient trop pour elle. En dehors des discussions avec nos amis communs et son mari, elle ne m'a pas adressé la parole depuis six mois. C'était une mère célibataire intelligente, sensible, drôle et créative, elle avait dépassé la trentaine quand elle a commencé ses études. Pendant de nombreuses années, nous nous sommes vues tous les jours, nous allions au cinéma et au théâtre ensemble, nous corrigions mutuellement nos devoirs, nous entreprenions des voyages, partions en vacances, nous avions des discussions sur des questions d'éthique, nous nous empruntions nos vêtements, nous riions, pleurions, râlions, nous possédions en commun des choses utiles et inutiles, nous avons élevé nos enfants ensemble, nous discutions jusqu'au petit matin, nous nous lisions au téléphone des passages intéressants de livres, nous cuisinions, mangions ensemble, prenions notre pied quoique, contrairement à ce que tous pensaient, nous n'ayons jamais couché ensemble.

Lorsque j'étais avec elle, je me conduisais en quelque sorte mieux. C'est peut-être cet aspect de notre amitié qui me manque le plus. Je me sentais invulnérable quand j'avais quelqu'un qui luttait à mes côtés. Elle m'a secourue pendant les durs moments, et j'espère que c'était réciproque. C'est vrai, j'ai cru qu'elle et moi avions battu le système en brèche, mais j'aurais dû savoir que j'allais en fin de compte me faire avoir par ce satané système. »

« Elle a commencé une relation avec quelqu'un grâce à qui sa vie privée et sa vie professionnelle forment un tout puisque son ami est en même temps son chef. Maintenant, elle n'a plus de temps à me consacrer. Parfois, je vais la voir à son travail, mais elle a toujours trop de choses à faire pour avoir le temps de parler. Puis elle propose que nous nous voyions le week-end suivant, mais elle décommande chaque fois parce qu'elle a mieux à faire. J'ai l'impression d'avoir été seulement un bouche-trou en attendant qu'elle trouve ce qu'elle cherchait – un mari et une carrière. Je suis rayée de la carte. Cela me fait très mal, car je tiens à elle, j'ai besoin d'elle pour parler et rire avec elle. Je me sens trahie. »

« Depuis qu'elle est mariée, je la vois rarement, à moins que je n'aille la chercher à son travail. Elle ne me téléphone jamais de chez elle. Elle dit qu'après avoir préparé trois repas, s'être occupée de son travail, avoir fait la comptabilité pour le magasin de son mari, elle est trop fatiguée pour me passer un coup de fil. Elle dit aussi qu'elle ne possède chez elle aucun espace privé, même pas dans sa salle de bains. Quand elle était encore célibataire, elle tenait tant à son espace privé que je ne pouvais pas tout simplement passer chez elle, je devais toujours téléphoner avant. Nos chemins se sont séparés. Honnêtement, je crois qu'endosser le rôle d'épouse et de mère de famille la fait régresser en devenant une sorte de servante altruiste de sa famille. Je ne sais combien de temps encore je vais essayer de maintenir cette amitié en vie. »

L'échec d'une amitié a la plupart du temps pour cause le mariage ou une relation amoureuse qui devient prioritaire. Une femme ne se lie pas d'amitié indifféremment avec une femme mariée ou célibataire. La situation de famille est un critère plus important que celui de la race, de l'âge ou du milieu social. La plupart des amies des femmes mariées sont également mariées, et la plupart des célibataires ont des amies célibataires. Quelles en sont les raisons ?

« La majorité de mes amies sont des femmes qui,

comme moi, travaillent, ont mari et enfants, si bien qu'il nous reste peu de moments pour l'amitié. Nous n'avons tout simplement pas assez de temps pour nous asseoir et discuter. Déjeuner de temps en temps ou passer une soirée par-ci par-là ne suffit pas pour qu'une amitié forte puisse se développer. Nous les femmes, nous avons trop de fers au feu. »

Les femmes mariées ont souvent l'impression de devoir repousser à la deuxième place leurs amies pour ne pas irriter leur mari ou le rendre jaloux :

« J'ai quelques relations amicales très fortes – mais seulement depuis l'époque où j'ai cessé de considérer les besoins de mon mari et de mes enfants comme étant plus importants que les miens. »

« En ce moment, je n'ai pas d'amie vraiment proche. Je ne peux pas avoir de relation très intime, car mon mari est très jaloux. »

Ce fossé entre femmes célibataires et femmes mariées – ou vivant avec des hommes – est-il inéluctable ? Est-il aussi évident que le fait d'avoir le même âge ou d'exercer un métier similaire ? Ou est-ce la pression sociale qui renvoie dos à dos les femmes mariées ou assimilées, et les célibataires ? Mes recherches m'ont amenée à la conclusion suivante : les amitiés entre femmes mariées et célibataires sont plus rares que les amitiés entre des femmes d'origines sociales, ethniques ou raciales différentes. Cela n'est pas pour sous-estimer l'importance des préjugés qui séparent les femmes appartenant à des races et des milieux sociaux différents, mais pour montrer combien est mince la ligne de démarcation qui divise les femmes entre celles qui « ont franchi le pas » et celles qui vivent seules.

L'objet majeur des conflits entre femmes concerne la

loyauté. Si le sujet est si capital, c'est parce que la loyauté ne se cantonne pas au domaine privé, mais qu'elle exerce une influence décisive sur le statut social de la femme.

Les femmes réagissent de manière très aiguë à la trahison, car elle relève d'un problème dont elles ont toujours eu à pâtir : leur statut d'individu de seconde zone. Quand une femme abandonne son amie à cause d'un homme, cette trahison renforce le rôle d'« éternelle seconde » dévolu à la femme.

Le manque de solidarité peut s'exprimer de mille façons. Par exemple, une femme peut être gentille et affectueuse avec son amie aussi longtemps que les hommes ne se trouvent pas dans les parages. Mais elle se transforme complètement dès qu'ils apparaissent, buvant littéralement les paroles du premier venu. Ou alors, c'est une femme célibataire qui exile sa meilleure amie aussitôt qu'elle tombe amoureuse ou qu'elle se marie. Il est une autre forme de trahison : quand on ne prend pas vraiment son amie au sérieux ; certes on lui dit qu'elle est une amie formidable, mais en ignorant son potentiel social et professionnel.

Combien de temps une femme devrait-elle consacrer à son amie ? Une amitié a-t-elle encore du sens quand on se pose cette question ?

Les femmes d'aujourd'hui se demandent si elles devraient consacrer plus de temps et être plus loyales envers les autres femmes plutôt qu'envers les hommes – doivent-elles cesser d'entourer les hommes de leurs soins perpétuels ? Ce ne sont pas des questions que seules les citadines modernes se posent.

Les féministes n'ont cessé de demander aux femmes de se prendre davantage au sérieux et de ne pas se considérer comme des individus de seconde zone ; grâce aux magazines féminins et à la télévision, cette revendication est arrivée jusqu'aux femmes et les a amenées à s'intéresser à l'« éthique féminine ».

Jouons l'avocat du Diable : pourquoi les femmes devraient-elles être aussi loyales voire plus loyales envers les femmes qu'avec les hommes ? quel est le principe qui régit cette idée ? que les femmes ont pour devoir biologique d'être mutuellement loyales ? On pourrait donner comme fondement d'une éthique entre femmes les trois points suivants :

1. Les femmes doivent avoir entre elles un comportement loyal – par principe et pour des raisons pratiques.
2. Les femmes ont davantage de pouvoir si elles sont plus loyales les unes envers les autres et si elles ne laissent pas les hommes les dresser les unes contre les autres et les gouverner.
3. Les femmes qui font tout pour un homme, qui lui sont complètement assujetties appartiennent à une espèce en voie de disparition du temps où l'égalité n'existait pas.

Nombreuses sont les femmes qui essaient de jouer la carte de la solidarité féminine – en politique, en économie, dans les réseaux financiers et professionnels ainsi que dans la vie privée. Mais en exigeant que les femmes soient par principe plus solidaires, n'exerce-t-on pas une sorte de chantage moral engendrant des sentiments de culpabilité ? Pourquoi dissocier ainsi les femmes et les hommes ? C'est à cause de notre ordre social selon lequel choisir un être signifie automatiquement qu'on en trahit un autre – et c'est tout aussi valable pour les hommes. Cela est dû à la répartition du pouvoir dans la société qui a toujours pratiqué l'exclusion.

Suite au combat de certaines féministes qui prêchaient la solidarité active, certaines femmes émettent des réflexions de ce genre : « Laissez-moi tranquille avec ces histoires de femmes ! Je ne veux plus en entendre parler ou lire quoi que ce soit sur le sujet. Ça me rend coupable. C'est comme si on me faisait la morale. Je n'ai qu'un souhait : qu'elles me fichent la paix afin que je puisse m'occuper de mon ami.

Les sentiments de culpabilité que le féminisme déclenche chez les femmes – comme la « mère soixante-huitarde » devenue un stéréotype et une caricature – ont entraîné dans les années quatre-vingt une énorme réaction contre le mouvement en faveur des femmes. Les jeunes femmes étaient satisfaites des objectifs atteints, dont l'égalité des salaires, même si celle-ci ne fonctionne pas encore dans la pratique, mais étaient très réticentes à l'idée de se solidariser avec celles que les médias présentaient comme des frustrées ou des fanatiques de la libération de la femme. Les jeunes femmes modernes rejetaient l'idée d'être associées à leur lutte, sans se rendre compte que les féministes des années soixante-dix avaient été souvent victimes de poncifs misogynes vieux comme le monde que l'on sort de leur tiroir chaque fois que les femmes revendiquent des droits.

Depuis les années quatre-vingt-dix, le féminisme est de nouveau d'actualité chez les jeunes. Elles ont reconnu que c'était un phénomène aussi nécessaire que vital. Mais le psychisme des femmes a été à ce point matraqué par des siècles de culpabilité que celles-ci se considèrent comme responsables du monde entier. Voilà pourquoi, quand le féminisme revendique un comportement autre envers leurs semblables, elles ont le sentiment qu'on leur en demande trop. L'amitié devient à la fois un pensum et une chose trop compliquée pour procurer quelque plaisir.

Les amitiés féminines coulent-elles de source ? Ne doivent-elles pas plutôt être entretenues ? Chaque geste brusque peut détruire une amitié – même celle qui unit des femmes « loyales » :

« Elle devait passer le réveillon du nouvel an chez nous, mais elle a téléphoné la veille : "Je suis désolée, ma chérie, mais je suis à la campagne avec des amis, et je ne trouve personne qui veuille me conduire chez toi." Elle rendait les autres responsables de ce qu'elle ne viendrait pas chez moi ! Lorsque j'ai raccroché, toutes les déceptions des dix-huit années passées sont remontées à la surface. Je lui ai écrit une lettre dans laquelle je lui disais que, dans ces conditions, je renonçais à son amitié. »

Des rendez-vous annulés, des gestes qui ne correspondent pas aux mots respirent le mépris et disent à l'autre : « Tu n'es pas aussi importante qu'un homme ! De toute façon, tu es toujours là pour moi, je n'ai pas besoin de faire des efforts, je peux compter sur toi et sur ta fidélité, tu es bien brave. » C'est avec ce type de discours qu'on a toujours réduit au silence les femmes.

Les femmes prennent-elles les femmes au sérieux ?

Les femmes se sentent très blessées quand leurs amies trouvent les hommes plus importants et intéressants ou qu'elles placent ces derniers au premier plan pour l'unique raison que ce sont des hommes :

« Je ne traite jamais mes amies comme elles me traitent : elles projettent des semaines à l'avance de faire quelque chose avec moi, puis leurs amis les invitent et elles annulent. Par exemple, une de mes amies mariées avait proposé que nous allions ensemble à un spectacle. Mercredi soir, je lui téléphone pour lui demander si nous pourrions y aller vendredi ou samedi. Mais elle me répond tout bonnement : "Oh, mon mari et moi allons au spectacle vendredi." Elle ne souffle pas un mot sur notre rendez-vous. Et me voilà le bec dans l'eau.

Bien sûr, c'est son mari, et c'est formidable, mais elle aurait pu me demander si j'avais envie de les accompagner. Elle ne l'a pas fait. »

Les femmes auraient-elles un préjugé contre les femmes ? Cela paraît illogique, et pourtant c'est vrai : une femme peut tout à fait aimer sa meilleure amie tout en ressentant du mépris pour elle et pour soi-même. Certaines femmes racontent que ce cas de figure existe également au sein d'une famille, quand, par exemple, la préférence est donnée à un fils. Une fille décrit ses sentiments alors qu'elle essayait de gagner l'amour de sa mère :

« Quand j'avais neuf ans, la situation était si affreuse que tous les soirs je m'endormais en pleurant. J'étais persuadée que ma mère préférait mon frère. Pendant un moment, j'ai pensé qu'elle avait l'intention de me donner à quelqu'un d'autre. Ma mère ne me croit pas quand je lui raconte ça aujourd'hui. Je pensais également que je n'avais pas le droit de pleurer puisque je n'étais pas un enfant du tiers monde.

On ne demandait pas à mon frère d'aider à la maison. C'est moi qui devais tout faire. Tout en lui était fantastique, il lui suffisait d'exister. Il avait le droit d'aller dans une école privée et onéreuse, moi, j'ai dû me satisfaire de l'école publique – alors que j'avais de meilleures notes. Bien entendu, personne ne remarquait que j'étais une bonne élève. On répétait seulement qu'avec moi, il n'y avait pas de problèmes car je n'étais pas mauvaise.

Quand ma mère a été enceinte d'un troisième enfant, mon frère et moi lui demandions sans cesse d'un ton désespéré : "Qu'est-ce que tu veux avoir, un garçon ou une fille ?" Nous voulions savoir qui de nous deux elle préférait.

Je pensais qu'il y avait quelque chose chez moi qui clochait, puisqu'elle préférait mon frère. Je ne pensais pas seulement qu'elle l'aimait davantage, mais que quelque chose en moi n'était pas digne d'être aimé. J'essayais de trouver ce que cela pouvait bien être. »

Il arrive aussi qu'une fille pense qu'en réalité sa mère ne l'aime pas mais fait semblant, que son amour est dicté par le sentiment du devoir. Une jeune femme raconte combien le regard que sa mère posait sur elle lui était désagréable. Elle croyait que sa mère la regardait souvent avec dégoût. Aujourd'hui, elle pense que cette dernière ne l'aimait pas parce qu'elle était une fille :

« Quand j'étais adolescente, je ne pouvais pas en croire mes yeux. Le regard qu'elle me jetait parfois ! "Me méprise-t-elle ?" me demandais-je. Même quand elle me souriait, il y avait quelque chose de méprisant, mêlé à du dégoût. Je cherchais quel pouvait être mon défaut. Qu'il ait pu s'agir d'un préjugé ne m'est pas venu à l'esprit, et encore moins que cela soit l'expression de ses sentiments véritables. Non, ce ne pouvait qu'être de ma faute. Quelque chose que j'avais dit, fait, ou de quoi j'avais l'air. Je devais être. »

Si les femmes dépassent en règle générale ce genre de sentiments, ce sont malgré tout des handicaps émotionnels qui les marquent toute leur vie. Car nous sommes nés dans une société qui, dès la naissance, sélectionne d'après les sexes, sur chaque formulaire que nous devons remplir jusqu'à la fin de notre vie, dans la façon dont nous nous saluons, dont nous nous exprimons. Nous sommes prisonniers, hommes et femmes, de cette catégorie sexuelle et sociale qui conditionne tous nos comportements.

Pourquoi la majorité des femmes ne sont-elles pas fières d'être des femmes, fières de ce que les femmes ont réalisé ? Les livres d'histoire les mentionnent à peine, même si depuis une vingtaine d'années de nombreux ouvrages reconnaissent la place qu'elles ont tenue. C'est tout à fait récent qu'on s'intéresse aux sociétés matriarcales ou aux femmes qui ont exercé un pouvoir politique.

Cette occultation de la femme, dans notre mémoire d'enfant, concourt à laisser les femmes dans un état d'infériorité larvée. Nous avons tant intégré depuis des siècles les paramètres de son absence sur la scène publique qu'il en reste forcément des traces indélébiles dans nos comportements quotidiens, et cela malgré les mouvements qui ont tenté d'y remédier. Il nous faut désormais trouver un moyen pacifique pour rompre ce cercle vicieux. C'est en partie à cet objectif qu'est consacré ce livre. Il faudrait créer pour les femmes des conditions qui leur permettent de vivre ensemble et en confiance. C'est seulement de cette manière qu'elles pourront empêcher que ne s'érige entre elles la première barrière que l'ordre social leur a imposée.

La situation des femmes n'est pas éloignée de celle des Noirs dans de nombreux pays du monde. Aux États-Unis, les Noirs étaient considérés encore récemment comme des citoyens de seconde zone. Leurs salaires sont encore moindres, mais conséquemment au « Black Pride », à la prise de conscience de leur valeur, le regard de la société change peu à peu. Les Noirs d'Afrique du

Sud s'attellent aussi à la transformation de la société et l'apartheid a été aboli.

Que nous les femmes, nous nous comportions comme si les hommes étaient plus importants que nous-mêmes n'est pas surprenant. Notre culture nous transmet jour après jour, et de toutes les façons possibles, que le pouvoir est entre les mains des hommes. D'ailleurs, si nous sommes en effet convaincues que ceux-ci sont plus importants que nous, alors nous induisons l'idée que nous avons une moins grande estime de nous-mêmes que des hommes. Or, si nous croyons en nous, nous pouvons nous en sortir. Nous représentons tout de même 51 % de la population. Pourquoi ne pouvons-nous pas élire au moins des représentants politiques qui nous garantissent un salaire égal à celui des hommes ?

Confidences sur les hommes

Les femmes se plaignent souvent que leurs amies parlent tout le temps de leur vie amoureuse ou de leur ami.

Les conversations sur les hommes signifient-elles un manque d'intérêt pour les thèmes féminins, ou sont-elles un signe de solidarité ?

« J'aime les femmes dont la vie ne se résume pas aux hommes et aux enfants – des femmes qui peuvent aussi parler de sujets divers et non se plaindre à longueur de temps de leur vie privée que visiblement elles ne maîtrisent pas. »

Mais ces discussions permettent à chacune de comparer ses propres conceptions des valeurs féminines avec celles que la société propage. Dans ces discussions, on essaye de comprendre les deux systèmes de valeurs, féminin et masculin, et de trouver comment appréhender le comportement des hommes. Aujourd'hui, les femmes analysent elles-mêmes leurs relations et se préoccupent de moins en moins de savoir ce que la société peut bien penser de celles-ci.

Parler des comportements masculins a pour but de les comprendre et de savoir comment y répondre – céder ? refuser ? – ainsi que de se frotter à des problèmes philosophiques essentiels. Les femmes veulent savoir comment leurs amies se conduisent dans de semblables situations. Et pourtant, ces discussions sont souvent mensongères.

En effet, elles ne disent pas combien elles aiment que leurs amants les embrassent et les enlacent – en dépit de tous les problèmes dont elles parlent avec leurs amies. Elles ne mentionnent pas à ces dernières à quel point elles aiment les bons côtés de leurs partenaires. Celles-ci sont déconcertées et se sentent trahies quand leurs amies se tournent vers les hommes. Les sentiments exprimés ne sont pas des mensonges à proprement parler. Il y a seulement des zones d'oubli dangereuses pour celle qui croyait être l'amie incontestée.

Autrefois, un accord tacite régnait parmi les femmes : il allait de soi que l'homme occupe la première place dans la vie d'une femme. Aujourd'hui, ce n'est plus le cas. Il est très mal vécu qu'une femme annule son rendez-vous avec une autre ou qu'elle montre son mépris en donnant aux hommes une plus large place qu'aux femmes. Mais les femmes se sentent ballottées entre leur loyauté pour leurs semblables et celle envers les hommes. Elles n'osent pas s'avouer mutuellement qu'elles apprécient la compagnie des hommes. Très souvent, on ne dit pas la réalité de sa relation avec un homme. C'est pourquoi on ne sait jamais clairement qui une femme aime le plus, pour quelles raisons et de quelle façon. Si on exprimait plus clairement ce qu'on ressent pour un homme, on ne se sentirait peut-être plus obligée de choisir entre celui-ci et sa meilleure amie.

Les femmes ne se donnent pas le droit non plus d'être plus affectueuses les unes avec les autres quand elles sont très proches émotionnellement. Le langage corporel entre les femmes est très limité, quand il n'est pas littéralement absent.

Les femmes partent du principe que les femmes leur sont interdites, qu'elles appartiennent aux hommes, que seuls ces derniers ont le droit de les approcher, de les enlacer et de les embrasser. Elles ne savent pas comment exprimer l'amour qu'elles ressentent pour une autre femme, surtout quand cet amour n'est pas spécifiquement physique, même si elles essaient de trouver de nouvelles formes à l'amitié (voir aussi le chapitre VII).

Au fil des vingt dernières années elles ont élaboré un nouveau contrat émotionnel et considèrent leurs relations aux hommes, aux enfants et aux autres femmes sous un nouveau jour. Avant elles avaient le droit de se rencontrer dans des associations pendant la journée, mais jamais de sortir le soir entre elles. Il leur était interdit de se toucher bien longtemps. Les baisers et les embrassades n'étaient autorisés que pour se dire bonjour et au revoir ou dans certaines occasions. Les honnêtes femmes ne parlaient pas de leur vie sexuelle, ne montraient pas leur corps à une autre femme. Si elles étaient amies, c'était pour s'entraider. Quand elles avaient à demander un service, elles devaient d'abord s'adresser à une femme avant de prier un homme de les aider.

Aujourd'hui, les femmes tentent parfois de ne pas calquer leur vie sur celle des hommes, mais d'inclure les femmes dans leur projet. Elles se rendent compte cependant que c'est là un processus horripilant. Les femmes traversent la crise que le mouvement féministe a laissée derrière lui. Dans les années soixante-dix, l'harmonie régnait parmi les femmes du mouvement. Puis vint une grande déception quand disputes et ruptures apparurent. Finalement, les femmes reconnurent qu'elles n'étaient pas parfaites et qu'elles pouvaient reproduire des comportements détestables.

Les femmes ne se sentent pas sûres d'elles-mêmes quand elles doivent construire leur vie en prenant appui sur d'autres femmes. Elles se demandent : « Peut-on tout compte fait lui faire confiance ? » Elles se rappellent que nombre d'entre elles sont toujours en retard, qu'elles annulent des rendez-vous et s'attendent, on ne sait pas pourquoi, à ce que les autres femmes le comprennent. Elles ont conscience qu'une femme peut laisser tomber son amie d'une minute à l'autre en faveur d'un homme, et qu'elles attendent en vain des remarques stimulantes telles que « tu es belle comme tout aujourd'hui », « j'ai besoin de toi, ma chérie ». Elles ne trouvent pas automatiquement le paradis auprès de leurs semblables, comme le promettait le mouvement féministe, et cela les agace. Elles reprennent les vieux clichés de la « garce » et doutent beaucoup. Certaines ressassent les vieux adages : « Un père est une aide, une mère en revanche ne peut rien faire pour ton ascension. » Bref, elles vivent des sentiments mitigés entre soumission, action et révolte sans trouver l'équilibre recherché. Cela rappelle les hommes qui, d'un côté, élèvent les femmes au rang de divinité, les célèbrent comme les créatures les plus désirables au monde, mais qui, d'un autre côté, les mettent souvent plus bas que terre.

Comment développer une nouvelle amitié

La société n'a pas vraiment pris conscience du fait que les relations entre les femmes évoluaient, alors qu'elle a perçu les innovations dans le couple ou la « débâcle » de la famille. Considérées comme des faits de société, ces questions font l'objet d'analyses minutieuses.

Les individus concernés peuvent ainsi connaître ce qui, dans ce qu'ils vivent, correspond à la norme, dépend de l'âge ou de la nouvelle réalité sociale, laquelle obéit à des règles nouvelles, propose d'autres possibilités et se base sur des attentes différentes de celles du passé.

Les amitiés féminines, elles, ne sont guère abordées par les sociologues, qui les abandonnent aux journaux féminins. Pourtant elles concernent une large majorité de la population qui s'interroge sur leur positionnement social. Les femmes étant dorénavant indépendantes financièrement, elles sont libres de choisir d'aimer qui elles veulent. On ne prend pas assez au sérieux l'importance que les femmes donneront à l'avenir de leurs amitiés. De nouvelles voies seront présentées en détail dans le chapitre VII. Toutefois, il faut au préalable dresser la liste de quelques règles fondamentales de comportement.

Quelques règles déterminant la qualité d'une relation :

1. N'annulez aucun rendez-vous. Les vrais cas d'urgence sont rares.

2. Faites des compliments à votre amie, dites-lui qu'elle est belle. Parlez-lui de ses vêtements, sa gentillesse, son apparence, sa santé.

3. Téléphonez-lui régulièrement ou trouvez un rythme

particulier pour que votre amie sache quand elle peut compter sur vous.

4. Une amitié exige une bonne conversation de deux heures ou plus une fois toutes les trois semaines au moins. Le reste du temps, on peut parler du quotidien, faire des achats ensemble, parler des affaires du monde ou des petits ennuis que vous cause votre voiture.

5. Développez vos points communs, faites des projets d'avenir. Assurez-vous qu'ils seront vraiment réalisés. Si ce n'est pas le cas, dites à votre amie pourquoi vous devez laisser tomber vos projets.

6. Demandez-lui comment, selon elle, votre amitié fonctionne, ce qu'elle aimerait changer, comment vous pouvez la rendre plus heureuse. Vous pouvez aussi lui dire comment elle peut, elle, vous rendre plus heureuse. Mais seulement après avoir bien écouté ce qu'elle avait à dire sur le sujet.

7. Soyez une oreille attentive. Essayez d'entendre ce qui n'a pas été exprimé, aidez votre amie à parler. Dites-lui par exemple : « Cela fait trois fois que tu cites X. As-tu envie de me parler de lui/d'elle ? » ou : « Tu me dis souvent que ton travail te fatigue. Mais, au fait, ton travail te plaît-il ? Veux-tu changer d'emploi ? Qu'est-ce qui se passe ? »

Les quatre péchés capitaux

1. Ne parler que de son mari, de ses enfants ou de son petit ami.

Ne téléphonez jamais à votre amie en présence de votre mari, de vos enfants ou de votre petit ami, sauf en cas d'absolue nécessité et si elle n'a rien contre.

2. Répéter sans cesse que vous avez trop de choses à faire chaque fois que votre amie vous téléphone.

Au cas où vous seriez vraiment débordée, dites à votre

amie à quel point vous êtes contente de son appel. Convenez d'une heure à laquelle vous pouvez la rappeler et faites-le vraiment !

3. N'avoir avec votre amie que des rendez-vous diurnes au lieu de passer ne serait-ce qu'une soirée avec elle.

Ne partez jamais du principe qu'elle comprendra votre attitude. N'imaginez jamais qu'elle sait pourquoi vous l'aimez alors que vous ne le lui avez jamais dit.

4. Laisser tomber votre amie comme une vieille chaussette quand vous êtes amoureuse, que vous avez un enfant ou que vous traversez une crise professionnelle.

IV

Les rivales

Pourquoi cela nous amuse-t-il tant de casser du sucre sur le dos des femmes ?

D'une part, parce que cela soulage. Il est fatigant de se conduire de façon « politiquement correcte » avec les autres femmes. D'autre part, parce que cela nous aide à comprendre les situations conflictuelles. Nous avons le droit d'être en colère ; une dispute est parfois tout à fait justifiée. Elle purifie l'atmosphère, éclaircit la situation et fait avancer la discussion. Lors d'une dispute, on peut dire des choses qui sinon ne franchiraient pas nos lèvres pour des raisons de politesse. Toutefois, la colère n'est pas toujours la meilleure façon de les exprimer.

Aborder le sujet exaspération-dispute m'a été d'une grande utilité et m'a beaucoup encouragée. Soudain, les causes de conflits quotidiens me sont apparues clairement : mes observations peuvent améliorer nos relations, faciliter notre manière de nous comporter ensemble.

Mais tout d'abord oublions tout ce que nous avons appris sur la psychologie. Simone de Beauvoir disait qu'il fallait jeter Freud par-dessus bord si on voulait comprendre les femmes. Et, j'aimerais ajouter, ses héritiers par la même occasion. Son étiquetage des comportements féminins sortait tout droit des préjugés qui avaient cours dans son milieu social et à son époque. Ce qui le rend absolument inutile pour nous. Il ne sert qu'à nous couler dans le moule de l'ordre social.

Il y a un vaste et nouvel éventail d'émotions féminines, et c'est lui que nous allons présenter ici. Les façons de vivre qui en résultent seraient incompréhensibles si nous essayions de les conformer à l'ancien système. Nous n'avancerons pas tant que nous débattrons de la question de savoir si et comment une nouvelle théorie rentre dans le schéma freudien. Nous devons cesser de considérer ce système comme cadre référentiel.

Pour parler de façon imagée, notre nouvelle théorie nous permettra, non pas de changer les meubles de place dans notre vieille maison, mais d'en construire une neuve. Le matériel dont nous avons besoin à cet effet a été rassemblé dans les quatre *Rapports Hite* ainsi que dans d'autres ouvrages des « Lumières féministes », pour reprendre la terminologie de Jesse Bernard. L'ancienne psychologie ne se fonde pas sur des vérités éternelles ni sur la prétendue nature humaine comme l'annoncent, satisfaits d'eux-mêmes, ses défenseurs. Elle est le produit d'une époque particulière et de conceptions qui ne sont plus les nôtres depuis fort longtemps. Nous allons bientôt entrer dans le troisième millénaire. Nous vivons dans une phase intermédiaire.

Pourquoi les femmes se disputent-elles ?

L'explication standard est la suivante : les femmes sont mesquines, jalouses et se battent pour conquérir les hommes. C'est juste jusqu'à un certain point, mais les véritables causes des conflits entre les femmes ont des origines plus profondes. La pierre d'achoppement n'est pas en premier lieu la jalousie mais le manque de confiance, le signe fatal que les femmes ne se prennent pas au sérieux.

Les femmes ne se bagarrent pas pour gagner les faveurs des hommes (même si apparemment elles se battent pour un homme ou un poste), elles se disputent parce qu'elles craignent de ne pas être reconnues par la société comme un membre à part entière. Elles se demandent si elles y jouent vraiment un rôle. Elles se demandent par ailleurs si les autres femmes sont des membres importants de la société. Si elles ont le poids, l'autorité ou la légitimité à exercer les fonctions qu'elles occupent. Il est rare que ces questions soient posées et pourtant elles sont à la base des relations entre les femmes.

De nos jours, les femmes ne se rencontrent pas seulement en privé mais également professionnellement. Jamais elles n'ont été aussi libres ni n'ont pu développer à ce point leur personnalité. Une nouvelle indépendance émotionnelle et psychologique voit le jour. Cela peut engendrer des sentiments d'insécurité et de doute, car les règles du jeu ne sont pas encore stabilisées. Jusqu'à quel point les femmes peuvent-elles avoir des relations chaleureuses et amicales ? Où se trouve la frontière ?

Sans aucun doute exagère-t-on la rivalité entre femmes, même s'il faut avouer qu'il y a de nombreux exemples de conflits et d'animosités. Cela vient du fait que, si elles sont convaincues de leurs propres capacités, elles ne sont pas sûres que la société s'en fasse l'écho. Aujourd'hui encore, nombreuses sont celles qui ont le sentiment de ne pas exister aux yeux de la société tant qu'elles ne sont pas mariées – même quand elles réussissent dans leur vie professionnelle. Elles craignent qu'une femme ne soit aujourd'hui encore complètement intégrée, c'est-à-dire qu'elle n'occupe une place sûre dans la société, qu'à partir du moment où elle est mariée. Cette incertitude associée à un sentiment latent de menace, les inhibitions physiques qui nous empêchent d'exprimer nos émotions ne permettent pas à la confiance en soi et à notre force de s'épanouir et nous rendent nerveuses quand nous nous fréquentons.

Comme nous doutons de notre valeur, nous remettons en question la valeur des autres femmes. Cela engendre des relations inégales, des luttes insidieuses et des malaises persistants. Mais il est possible de changer cette situation. Comme l'indique le témoignage suivant, les femmes peuvent avoir plaisir à se fréquenter et à créer des liens positifs entre elles : « J'ai une amie formidable. Je l'ai aimée dès que je l'ai vue. Pourtant, au début, elle me traitait d'une façon bizarre. Elle m'invitait, mais dès que j'étais là elle montrait peu d'intérêt à mon égard. Lorsque je parlais de mon travail, elle se taisait ou changeait de sujet. Je me sentais mal à l'aise. Elle parlait souvent de son ancien petit ami. Puis, un soir, elle m'a confié qu'elle ne se sentait pas attirante, que si cette relation avait capoté, c'était parce que quelque chose ne tournait pas rond en elle.

Je lui ai assuré qu'elle était une belle femme, qu'elle avait un très joli visage et qu'elle était seulement accablée à cause de cet imbécile d'ami. Elle pourrait sans aucun doute trouver un nouveau copain. Je lui ai demandé si nous pouvions parler de mon travail parce que j'avais besoin de quelqu'un avec qui en discuter et que cela m'intéressait de connaître son avis. Notre relation est devenue bien meilleure. Je crois que nous allons rester amies. Quand on pense qu'il y a eu des moments où je ne voulais plus la voir ! »

Pourquoi est-ce si difficile de se débarrasser du complexe d'infériorité ? Quelle est l'origine de ces doutes qui assaillent les femmes quant à leur valeur ? Il semblerait qu'après trente ans une femme ne puisse être en harmonie avec la société que mariée et – surtout – mère de famille. N'a-t-elle aucune importance en tant qu'individu ? On argue bien évidemment du fait que les femmes sont soumises à cette horloge biologique qui les pousse à se marier et à avoir des enfants. Je suis plutôt d'avis que cela a une autre cause aussi importante, si ce n'est plus : une femme non mariée provoque un malaise. Seule une femme mariée correspond aux archétypes féminins de notre société.

La société reconnaît-elle à part entière les femmes qui restent célibataires toute leur vie ? De nos jours et dans notre société, les mariages arrangés sont inusités. Les femmes ont bien sûr le droit de choisir elles-mêmes leur époux. Mais avons-nous aussi le droit de ne pas choisir de mari, de choisir de ne pas nous marier ? Il semblerait que non. On mesure notre valeur à l'aune des hommes !

Rien n'a-t-il vraiment changé dans ce domaine ? Oui et non ! Au dix-neuvième siècle il y avait moins de femmes mariées qu'aujourd'hui. La société acceptait que quelques femmes préfèrent rester célibataires.

L'absence de fille dans la Sainte Famille

Que nous nous moquions aujourd'hui de la prétendue influence qu'exercerait la Sainte Famille sur notre société ne change rien au fait que la structure de notre société est bâtie sur son modèle, comme nous l'avons déjà signalé dans le chapitre sur les relations mère-fille. Lorsque nous parlons d'une famille, nous imaginons un père, une mère et un enfant – un enfant mâle. Cela n'apparaît pas seulement dans les brochures des banques et des compagnies d'assurances, mais également dans les tests psychologiques.

Il est vraiment très surprenant qu'il n'y ait pas de fille au sein de la Sainte Famille chrétienne. Celle-ci met à la disposition des hommes chrétiens de l'Occident deux archétypes : le père protecteur et le fils, rebelle et intelligent qui, jeune adulte, remet les choses en question et les transforme. Les filles se retrouvent dans une situation difficile. Avec qui peuvent-elles donc s'identifier ? Avec Lilith, la femme-enfant célibataire qui erre quelque part à l'arrière-plan ?

Tant qu'il n'y aura pas de fille (ou de femme célibataire) dans la famille archétypale, une fille ou une femme ne pourra développer un sentiment d'appartenance et de réalité qu'en se mariant. Tant qu'il n'y aura pas de fille dans l'archétype de la famille, les filles et les jeunes femmes se sentiront exclues de notre société. On les catalogue soit comme mauvaises têtes soit comme jeunes libérées, et on les exhorte à mettre à tout prix le grappin sur un homme si elles veulent être légitimées par la société. On est tout à fait convaincu que leur situation va changer. Elles n'ont finalement pas le droit de rester toutes seules jusqu'à la fin de leur vie, d'être tout simplement elles-mêmes.

L'amitié entre femmes célibataires est alors perçue comme le talon d'Achille – pour elles comme pour la société. Deux amies peuvent bien être heureuses ensemble, il restera toujours un point faible : la peur d'être rejetée, de perdre l'autre. Et cela non pas parce que les sentiments ne sont plus les mêmes, mais bien parce que l'ordre social l'a décrété. Il arrive qu'une des deux femmes délaisse la relation « non légitimée » pour la « sécurité » que procure le rôle qui lui est dévolu au sein de la famille traditionnelle. La pression exercée par les parents en est la cause la plus fréquente. On la ressent dans des commentaires tels que : « Ne passe donc pas tout ton temps avec ton amie, ma chérie. Il faut que tu construises ta propre vie, que tu fondes un vrai foyer. Nous voulons seulement ton bien. » On ne considère pas que deux amies vivant ensemble forment une vraie famille. Est-il besoin de le souligner ? Il n'existe pas d'institution qui consacre en quelque sorte l'amitié. L'opinion publique ne soutient ni n'encourage les relations amicales. Pas étonnant dans ces conditions que des amies jettent un regard dubitatif sur leur vie commune, qu'elles ne fassent pas confiance à leur instinct, se disputent et qu'à la fin chacune cherche à vivre seule. La plupart des femmes croient qu'elles échapperont à ce destin, mais c'est toujours ainsi que ça se passe, comme le chapitre « Les amies » le révèle.

Vous souvenez-vous d'*Alice au Pays des Merveilles* ? Plus je réfléchis au fait que la Sainte Famille n'a pas de fille et que les femmes n'ont pas de place dans la société avant leur mariage, plus je pense à Alice. Elle est libre, en perpétuel mouvement, curieuse et éveillée, dotée d'une énergie inépuisable. Tout le contraire de l'œdipe freudien. Imaginez un Freud féminin qui, au début du siècle, aurait créé le complexe d'Alice, mais bien sûr aucun modèle féminin qui puisse alors servir de référence. Il faut donc imaginer une Alice un peu plus âgée mais d'un esprit tout aussi indépendant, une Alice autonome qui serait pour nous un modèle extraordinaire. J'aimerais conférer à Alice le statut d'une icône dans notre panthéon psychologique.

En accueillant ce monde qui lui semble tomber sur la tête avec son irrespect malicieux, Alice est à mon avis la candidate idéale pour incarner l'archétype de la fille. Ève, la séductrice, est le seul autre modèle de femme célibataire que l'on propose aujourd'hui indirectement aux femmes. Toutes les Alice du monde devraient-elles s'identifier à elle ? Est-ce pour cette raison qu'on demande sempiternellement aux femmes qui vivent seules : « Êtes-vous mariée ? Avez-vous des enfants ? » C'est seulement lorsque Alice se marie qu'on ne la considère plus comme dangereuse.

Freud suit le modèle de la famille archétypale. Pour lui, les jeunes hommes doivent, tel Œdipe, sortir victorieux de combats héroïques. Le fils est le grand héros qui traite de choses importantes. La théorie d'Électre que Freud élabora, plus ou moins de bonne grâce, ne fut pas couronnée de succès. La plupart de ses théories sur les femmes se sont au fil du temps révélées fausses. Comme celle-ci : les filles devraient passer de la jouissance clitoridienne à l'orgasme vaginal. Le *Rapport Hite* consacré à la sexualité des femmes a exploré les véritables besoins et désirs des femmes, qui ne correspondent pas à ce schéma.

Les jeunes héros célibataires ne manquent pas. Ni Jésus Christ ni James Dean n'ont été obligés de se marier pour s'affirmer. Lorsque des jeunes femmes sont entreprenantes et qu'elles remettent l'autorité en question, elles sont considérées comme têtues, névrosées ou marginales. Sont-elles en revanche fidèles et dévouées, on leur colle vite fait l'étiquette de « passives » et d'« autodestructrices ». En bref, si les femmes sont « hargneuses » et « compliquées », c'est parce qu'elles sont sans cesse poussées dans un rôle défensif.

Nous avons au contraire besoin de modèles surdimensionnés qui donnent des ailes à notre imagination et nous servent de source d'inspiration pour créer notre identité de femmes. Voilà pourquoi je propose Alice pour jouer ce rôle. Avec son intelligence, ses questions pertinentes et ses observations sur le statu quo, ses règlements et ses directives, elle représente la liberté et l'autonomie.

Il est très regrettable que la psychologie traditionnelle ne conçoive la famille que dans son aspect purement biologique et non comme une institution politique et sociale ; c'est-à-dire qu'elle ne la considère pas comme une entité qui renferme aussi bien des avantages que des inconvénients et à laquelle nous devons adhérer librement. C'est ainsi que la famille est devenue un mythe sacro-saint et immuable. L'individu doit se conformer à cette famille biologique ; les familles fondées sur les besoins particuliers ne sont pas vraiment acceptées. Il pourrait s'agir là de couples non mariés (homo- ou hétérosexuels), d'amitiés durables ou d'enfants avec un seul parent.

Les scènes

Il est vrai que les femmes souffrent d'un complexe d'infériorité à cause de nombreux facteurs sociaux, mais ne peuvent-elles pas simplement les dépasser ? Ce n'est pas parce que les femmes libres ne sont généralement pas acceptées comme des membres à part entière de la société qu'elles ne doivent pas reconnaître combien elles sont formidables.

Naturellement, c'est grâce à nos amies que nous nous construisons. Mais ça ne marche pas toujours. Face à toute nouvelle situation, une femme doit se demander si la personne à qui elle a affaire a des préjugés à son encontre ou, quand cette personne est une femme, si elle a quelque chose contre les femmes, si elle se sent menacée par elles.

Nous avons quelques difficultés à surmonter ces blocages : les femmes se craignent et ont peur de leur sexualité. Elles ont appris à réprimer leur impulsion à se rapprocher des autres, à refouler leurs vrais sentiments – par exemple une envie impulsive de toucher ou d'embrasser une femme. Il est pourtant possible d'exprimer les sentiments de son cœur et de son corps de mille façons. Toutefois, nous muselons le langage du corps. La rigidité du corps engendre la mauvaise humeur, rend malheureux et irascible.

« Les femmes peuvent vous faire tourner en bourrique ! Aujourd'hui par exemple, je me dirigeais vers les caisses d'un magasin discount. Il y avait trois caisses. Derrière deux d'entre elles étaient assises des femmes qui avaient l'air d'être polies, alors que derrière la troisième trônait une caissière à la mine renfrognée. Je flairais qu'il y aurait des problèmes, puis je me suis dit : "Pourquoi avoir des idées préconçues ?" Il n'y avait personne à cette caisse, et je poussai donc mon chariot vers elle.

Elle a regardé mes achats d'un sale œil et a déniché sans attendre un problème : deux porte-savons n'avaient pas d'étiquette mentionnant le prix. Elle s'est interrompue, s'est levée et s'est écriée : "C'est incroyable !" Le ton de sa voix semblait dire : "Quelle honte !" Autrement dit, elle faisait comme si elle me tenait, moi et non le magasin, pour responsable de cet effroyable manquement. J'ai essayé de lui faire comprendre qu'elle pouvait trouver le prix sur la boîte remplie de porte-savons qui était juste à côté de la caisse. Mais non, ce n'était pas un code-barre. Il lui fallait un code-barre. Je lui ai donc dit d'appeler quelqu'un qui le lui donnerait. "Les articles sont bien là pour être vendus ?" lui ai-je demandé, tout sucre tout miel. J'en étais arrivée au point de vouloir moi aussi la confrontation, j'étais décidée à la ridiculiser tout comme elle voulait le faire avec moi.

Elle était déchaînée et n'arrêtait pas de répéter : "C'est incroyable !" Je lui ai répondu que ce n'était vraiment pas de chance, que j'attendrais donc jusqu'à ce que le problème soit réglé. Elle m'a rétorqué : "Ça ne va pas ? Vous ne voyez donc pas qu'il y a des gens derrière vous qui attendent de payer ?" Certes, lui dis-je, mais j'étais là avant eux, et moi aussi je voulais payer. Elle a regardé les autres d'un air qui disait que j'étais une enquiquineuse. J'ai fait bonne figure pour avoir les autres de mon côté et j'ai attendu d'avoir le droit de payer. Finalement, quelqu'un est arrivé avec ce satané code-barre. J'ai payé puis je suis partie contente de moi et en paix avec ma conscience. Quel cinéma ! »

Cette histoire rappelle les méthodes typiques que les garçons utilisent quand ils se cherchent des noises dans la cour de récréation : la cliente devait être mise à l'écart, punie et humiliée, pour avoir semé la zizanie. Mais ça n'a pas fonctionné. La cliente n'a pas joué le jeu, elle n'est pas devenue hystérique. Elle n'a pas insulté la caissière ni laissé choir ses achats. Elle ne s'est pas laissé intimider ni « mettre au coin ». Elle s'est défendue avec la meilleure des méthodes : elle n'a pas eu le comportement qu'on attendait d'elle. L'objet de la bataille était de déterminer laquelle avait la suprématie, laquelle était la moins hystérique, et laquelle pouvait gagner la sympathie des foules.

Pourquoi de telles scènes ont-elles lieu si souvent entre les femmes ?

Dans la plupart des disputes, il est question du sentiment d'appartenance ou d'exclusion du groupe. Les femmes ressentent très fortement ce problème car, depuis leur adolescence, elles y sont confrontées en l'absence de modèle. Cela est dû au fait qu'il manque dans l'inconscient collectif des deux mille ans passés un archétype de la fille.

L'amitié entre deux femmes devient la pierre de touche quand elles se retrouvent au milieu d'un groupe plus important. Les deux amies pourront-elles se lier aux autres tout en conservant leur relation particulière ? Ou leur intimité va-t-elle gêner les autres ? Ceux-ci vont-ils considérer leur connivence comme une menace pour l'ordre social, comme une exclusion qui deviendrait une source d'ennuis ? Un homme et une femme ne sont pas confrontés à ce problème, leur place est clairement définie. Mais on demande implicitement à deux amies de se ranger du côté du groupe. Il s'agit là d'appartenir au système ou d'en être exclu. Souvent, cette curée prend la forme du rejet, la femme est coupable de tout ce qui va de travers, comme dans *Les Sorcières de Salem*, d'Arthur Miller.

Quand une femme en transforme une autre en bouc émissaire, elle le fait en règle générale (à moitié inconsciemment) pour s'intégrer à l'ordre social. Peut-être espère-t-elle ainsi gagner des points et prouver combien elle est fidèle à la société. En tombant à bras raccourcis sur une autre femme, elle fait allégeance au groupe. Elle montre qu'elle est une fille bien, que la majorité peut compter sur elle. Ce type de lâcheté est d'ailleurs un des fondements du fascisme où l'appartenance à un groupe et l'exclusion jouent un rôle primordial.

Beaucoup de femmes ont des préjugés envers leurs semblables. Les femmes ont repris à leur compte certaines idées reçues qu'ont les hommes et les considèrent comme des « faits ».

Revenons à l'exemple de la caissière du supermarché. S'il s'était agi d'un client et non d'une cliente, cela se serait passé autrement. Quand un homme veut payer, il a le droit d'être servi. Mais d'une femme, on dit qu'elle cause des ennuis. Presque tout ce que fait une femme peut être interprété négativement. Quand une femme est trop serviable, elle « s'accroche » et a besoin de trop de reconnaissance. Si elle n'est pas serviable, et qu'elle suit son propre chemin, elle est égoïste et ne pense qu'à elle. Il est plus facile de l'isoler et de l'exclure puisqu'elle a, par définition, moins de droits. On part toujours du principe que les femmes exigeantes sont compliquées. Quant au cliché de la femme jalouse et peau de vache, il est bien trop confortable pour être abandonné. Et les femmes veillent elles-mêmes à ce qu'il ne tombe pas dans les oubliettes. Mais à une différence près : elles ont appris entre-temps que c'était un jeu. Elles s'efforcent au fond d'elles-mêmes d'avoir un autre comportement. Si les vieilles jalousies sont encore là, les femmes ne sont plus aussi naïves qu'autrefois. Elles ont compris combien la jalousie est une perte d'énergie...

« Elle s'est mise sur son trente et un alors qu'on voulait seulement aller boire une bière. Je me suis sentie comme de la merde. Les mecs n'avaient d'yeux que pour elle. J'avais l'impression d'être invisible. Pourquoi a-t-elle fait ça ? »

Réponse possible : peut-être s'est-elle faite belle pour vous ? Y avez-vous seulement songé ?

Beauté, vieillesse et jalousie

Remarquez-vous, dès que vous entrez dans une pièce, si vous êtes plus jolie, plus laide, plus âgée ou plus jeune que les autres femmes présentes ? Avez-vous mauvaise conscience si vous êtes plus jolie ou plus jeune que les femmes autour de vous et que les hommes vous accordent plus d'attention ?

Même si nous répugnons à l'avouer, dans le tréfonds de notre cœur, nous nous jugeons encore à l'aune de notre apparence, de notre âge et de notre sex-appeal. C'est affreux mais pourtant vrai. Nous sommes en notre for intérieur soulagées quand une femme est moins jolie ou pas tellement plus séduisante que nous.

Les femmes plus âgées et plus jeunes, plus jolies et moins belles sont-elles automatiquement rivales ? Il peut arriver qu'une femme se trouve dans une situation critique : elle a l'intention de s'habiller avec élégance, elle aime attirer l'attention. Et d'un autre côté, elle risque de voir les autres femmes s'éloigner d'elle. Quelle doit être sa conduite ? Une jeune femme décrit ce dilemme :

« Nous étions dans une station-service et un homme me faisait du charme. Il me faisait des clins d'œil et me demandait où j'habitais. Pour lui, ma mère était aussi transparente que l'air. Cela aurait pu à la rigueur passer, mais quand elle participait à la conversation, il faisait comme si elle n'existait pas. Il l'a à peine regardée quand elle a payé l'essence – il faisait tout le contraire avec moi. Je le trouvais sympa, mais j'étais mal à l'aise. Sur le chemin du retour, j'ai senti une certaine distance, une tension entre ma mère et moi. Nous avons dîné ensemble, et un non-dit planait entre nous, nous ne pouvions pas nous regarder dans les yeux. J'avais l'impression de m'être comportée de façon déloyale envers elle, de m'être compromise. Comme si j'étais séduisante, et pas ma mère. Comme si j'avais été dégueulasse avec elle. »

Elle n'a pas pu se réjouir de se sentir belle parce que cela équivalait en quelque sorte à trahir sa mère. Elle n'a pas pu non plus en discuter avec elle. Les femmes ont du mal à parler de la beauté et de la vieillesse. « Il vaut mieux ne pas en parler », entend-on souvent murmurer. « C'est un tabou. En parler ne fait que rendre les femmes malheureuses. » Juger une femme d'après son âge et sa beauté est malhonnête, tout le monde le sait, mais peu savent comment aborder cette question.

La société encourage même la rivalité entre une mère et sa fille, entre les femmes jeunes et âgées. Dans la publicité, les mères sont dominatrices, exigeantes, tandis que les filles sont souvent désirables. Comment avec de tels clichés se réjouir de devenir adulte et de vieillir ? La maturité devrait pourtant être chose très gratifiante. L'âge adulte est un état formidable, physiquement et émotionnellement, dont on tait les bienfaits.

Vieille, jeune, jolie et moche, voilà les catégories dans lesquelles les femmes s'enferment et dont elles souffrent. Pourquoi, au lieu d'en souffrir, ne pouvons-nous pas accepter que la beauté et la force des femmes soient aussi là pour nous autres et non uniquement pour conquérir les hommes ?

« Mon amie est plus jolie que moi. J'aimerais ne pas me sentir menacée par elle. Je me persuade qu'il faut que j'aie davantage confiance en moi. J'en ai la ferme intention, mais quand elle apparaît sur le seuil, qu'elle porte une robe qui la rend irrésistible, toutes mes bonnes résolutions tombent à l'eau. Impossible de lui trouver le moindre défaut. Théoriquement, j'aimerais que des femmes séduisantes soient mes amies, théoriquement, je n'ai pas peur que des femmes comme elle aient une relation amicale avec mon petit copain. Quelle hypocrite je fais ! »

« Ma chef est belle, riche et influente. Je suis malade de jalousie. C'est tout simplement trop. Je la déteste, je voudrais être elle ! Évidemment, je ne le montre jamais, je sais que je me rendrais ridicule. Je suis ridicule ! Pourquoi est-ce que je ne m'en sors pas ? Le pire, c'est qu'en plus je l'aime beaucoup. »

Que nous considérions les autres femmes comme des rivales et non comme des alliées vient du fait que les femmes ne réussissent pas à exprimer leur tendresse physique et à partager leur intimité. Je ne parle pas des relations lesbiennes, mais bien de tendresse physique (voir le chapitre VII). Quand deux amies refusent de s'embrasser longuement et chaleureusement, cela peut engendrer un sentiment de rejet conduisant à l'exclusion.

« Ma meilleure amie aime aller au hammam. Elle dit qu'elle adore ça, et c'est vrai qu'elle est toujours très belle et détendue quand elle rentre à la maison. Elle m'a demandé pourquoi je ne l'accompagnais pas. Il m'est impossible de m'imaginer assise là-bas, nue, et de laisser des femmes inconnues me regarder et me masser. Je me sens très mal rien que d'y penser. Je ne suis pas sûre de vouloir qu'elle me voie nue. Elle croit que je n'ai tout bonnement pas envie d'y aller. J'ai l'impression qu'elle me provoque, qu'elle veut que je voie d'autres femmes la toucher. »

Souvent, les sentiments d'exclusion sont liés à une colère inconsciente face au refus de relation physique. Les femmes se sentent gênées, menacées et compromises parce qu'elles sont trop proches les unes des autres. On l'a déjà vu au chapitre sur la relation mère-fille : le tabou qui interdit implicitement de se toucher ou la crainte de passer pour une lesbienne engendrent des tensions dans d'autres domaines de la relation et nous amènent à douter les unes des autres. La même dynamique se développe souvent dans d'autres relations entre les femmes. Elles connaissent une fin brutale quand soudain une des participantes ressent publiquement le besoin de se relier au groupe, à la société et qu'elle fait rire les autres aux dépens de son amie pour mettre de la distance entre elles deux.

Une femme raconte comment elle a réussi à dépasser ses peurs et sa jalousie, et à franchir un pas courageux :

« J'étais toujours jalouse de ma meilleure amie, mais je ne le montrais pas. Elle semblait s'être trouvée, et était plus séduisante aux yeux des hommes, elle paraissait avoir sa vie en main mieux que moi. J'ai décidé de lui dire ce que je ressentais dans l'espoir de dépasser ainsi ces sentiments. Bien sûr, c'était risqué mais je me suis dit : "Qu'est-ce que j'ai à perdre ?" Lorsque je lui ai tout avoué, elle a été très surprise et a réagi avec beaucoup de tendresse. Elle m'a raconté tout ce qu'elle n'aimait pas en elle. Elle m'a dit combien elle m'enviait pour certaines de mes qualités et à quel point mes jambes lui plaisaient ! Après qu'elle m'a eu confié ses sentiments, je me suis sentie beaucoup mieux. Depuis ce jour-là, nous nous donnons mutuellement de la force et j'ai une image d'elle tout à fait différente. »

La prochaine fois que vous irez à une soirée, demandez-vous qui est celle qui doute le plus d'elle-même : la femme au maquillage parfait ou celle qui est peignée n'importe comment ?

Les femmes ne se sentent plus automatiquement menacées par celles qui sont jolies, elles les considèrent au contraire le plus souvent comme une chance – avoir une amie jolie avec qui partager son temps et ses secrets, qu'on peut admirer. Mais la vieille politique qui règne entre les femmes exige encore un tribut, on fait attention seulement aux femmes plus jeunes et plus belles.

Moins une femme est sûre d'elle et plus elle passe du temps à soigner son apparence. Elle montre qu'elle a besoin de reconnaissance et qu'elle veut être acceptée. L'attitude destructrice de la société face à la beauté et à la vieillesse est douloureuse pour beaucoup d'entre elles. Trop fréquemment, les femmes sont incapables de se réjouir de leur forme, de leur âge et des joies qui les accompagnent. Les femmes plus jeunes étant considérées comme plus belles, cela signifie-t-il qu'une jeune femme dans une soirée repousse *de facto* une femme plus âgée à la seconde place ? Cela dépend bien sûr des deux femmes. Du mélange de honte et de fierté de la première, parce que sa beauté saute aux yeux. Du comportement de la seconde, qui peut être de jalousie face à la jeunesse ou d'acceptation sereine de l'âge et de la plénitude. Elles peuvent donc changer les règles du jeu en ne se considérant pas mutuellement comme des menaces potentielles mais comme de nouvelles amies intéressantes.

Discutez avec la femme que vous craignez – faites connaissance avec elle ! Confiez-lui des choses personnelles. Vous verrez que cela peut métamorphoser votre relation.

Nos interactions avec les femmes s'accompagnent encore sur un certain plan d'un léger sentiment d'irritation, car l'autre n'est pas un homme ! Nous sommes en colère les unes contre les autres parce que nous ne sommes pas des hommes, que nous n'avons pas de place sociale ni de pouvoir, que nous ne nous aimons pas ni ne nous entraidons assez !

Quand elles comparent les hommes et les femmes, les amis et les époux, les femmes souhaitent souvent que les hommes soient aussi sympathiques que les femmes. En revanche, quand ces dernières sont gentilles, on trouve ça naturel ! Une femme en arrive à déclarer à son amie : « Tu es tout simplement parfaite. C'est vraiment dommage que tu ne sois pas un homme, tu serais mon partenaire idéal ! » sans remarquer à quel point elle a été offensante.

Nous devons analyser tous les préjugés qui nous habitent pour déceler derrière de telles assertions l'origine de ces idées préconçues qui toujours nous dévalorisent en tant que femmes.

Toutes nous connaissons la fameuse expression : « Mais pour qui elle se prend ? » éventuellement complétée par : « Pour la reine de Saba ? » Enfant, je me suis toujours demandé qui était cette reine et j'avais d'elle une très mauvaise opinion. Puis j'appris qu'elle avait régné sur l'ancien royaume de Saba, aujourd'hui le Yémen, qu'elle avait vaincu les armées des pays voisins, qu'elle représentait un ordre social non patriarcal au sein duquel les femmes étaient respectées. C'est pourquoi ce n'est peut-être pas si mal que quelqu'un dise de vous : « Pour qui se prend-elle ? » Cela signifie que vous êtes une femme qui ose revendiquer ou défendre ses droits.

Un autre mot du langage courant, le mot « salope », a, lui, des connotations à la fois d'indépendance et d'insolence, de liberté sexuelle, de saleté et d'opprobre. On peut se demander pourquoi l'injure la plus usitée à l'adresse des femmes ressortit au domaine de la sexualité. Une salope adore avoir des relations sexuelles, couche avec tout le monde, n'a pas seulement un homme, n'appartient à personne. Dans l'Antiquité, ce n'était pas une tare. C'était un mérite de ne pas appartenir à un homme mais à soi-même.

En notre for intérieur, nous aimons peut-être utiliser cette expression – même si elle n'est pas politiquement correcte. Étant donné que nous n'avons pas le droit de discuter ouvertement de la sexualité d'une autre femme, nous recourons nous aussi à ce terme méprisant et injurieux. Cela fait plaisir et libère de haïr certaines femmes, de s'abandonner à l'insulte, de ne plus être éternellement dans la compréhension, le devoir ou la compassion, de lâcher la pression de temps en temps !

En tentant d'être des saintes, nous allons parfois trop loin : par peur d'opprimer d'autres femmes, nous acceptons tout ce qu'elles font ou disent. Nous croyons que nous n'avons pas le droit d'être en colère contre elles. Nous devrions être toujours compréhensives à leur égard parce qu'elles sont opprimées – même quand ce sont elles qui nous oppriment !

Les femmes que j'ai interrogées étaient de prime abord réservées quand il leur fallait s'exprimer sur la colère qu'elles ressentaient envers des femmes. Mais quand elles s'y mettaient, elles étaient volubiles. En règle générale, elles étaient surprises que des femmes puissent aussi mal se comporter. Selon le poncif « les femmes sont sympa, en fait ».

Les femmes aussi ont parfois l'impression que cela fait du bien de ne pas être « gentilles », de surprendre les gens qui s'attendent à rencontrer des femmes douces et dociles, comme le veut le cliché. Elles peuvent se venger de l'ordre social en n'étant pas généreuses, ni chaleureuses ou serviables. Elles aussi sont des êtres complexes.

Elles ruent dans les brancards quand elles ont le sentiment de toujours devoir se montrer braves filles.

Comme tous les opprimés, nous devons nous protéger nous-mêmes, et à notre façon. Parfois, nous sommes à bout de nerfs à cause d'un million de petites choses qui nous sont arrivées et qui nous ont donné l'impression d'être minuscules et sans importance. Ensuite, nous devenons comme la dame du supermarché : haineuses et méchantes.

Nous ne devrions pas avoir peur de notre colère. Nous pouvons l'exprimer de façon positive, la considérer comme une source d'énergie qui nous aide à réorganiser notre vie, à transformer l'ordre social. Remarquons au passage qu'il n'est pas question ici de sentiments de vengeance ou de jalousie. Une colère justifiée n'a pas toujours une connotation négative, mais signifie au contraire énergie et force.

Les médias parlent des chamailleries entre femmes comme si celles-ci étaient depuis toujours déraisonnables – comme s'il était inévitable qu'elles aient des problèmes entre elles, comme si un voile de ridicule et de dérisoire les recouvrait.

Il y a des disputes positives. Les hommes qui entrent en conflit sont considérés comme constructifs et importants, il arrive même que des hommes deviennent à cette occasion de bons amis.

Plus les femmes régleront leurs rivalités en toute objectivité, en les nommant de façon ouverte, meilleure sera leur situation.

Les nouveaux conflits entre femmes

Les querelles n'ont plus comme jadis les hommes pour objet. Elles naissent plutôt du fait que les femmes ne sont pas sûres d'elles à cause des énormes bouleversements survenus dans leur vie privée. Elles prennent leurs distances face au patriarcat et se tournent vers de nouvelles formes de vie. Les femmes se sentent nerveuses quand elles se fréquentent car, d'un côté, elles pensent devoir être gentilles avec les autres femmes et mieux les traiter, et, d'autre part, elles craignent ne pas pouvoir à la longue se fier à une femme, ni faire d'elle un soutien comme elles le feraient d'un homme. Les femmes se sentent prises au piège et elles réagissent avec colère. Elles se trouvent dans une situation difficile, elles ont le sentiment d'être quelque peu hypocrites. Ce qu'il leur faut comprendre c'est qu'elles ne doivent pas se sentir si peu sûres d'elles en compagnie d'autres femmes, surtout si elles ont choisi leurs amies avec soin et qu'elles se tournent vers des femmes qui comprennent les sujets que nous abordons ici.

Les femmes jouissent d'une sécurité matérielle croissante. Nombre d'entre elles volent de leurs propres ailes, même si elles ne sont pas riches. Les femmes n'ont pas besoin d'un homme qui les fasse vivre. Elles sont dans l'heureuse situation de pouvoir choisir de vivre avec un homme ou non. Elles n'ont qu'à se demander si elles l'aiment ou pas. Cette nouvelle possibilité provoque un malaise chez les femmes. Elles ne peuvent plus se traiter comme il y a vingt ans alors que régnait un consensus social différent. Quel doit être dorénavant leur comportement ? Comment doivent-elles interpréter les attitudes des autres femmes ? Quand une situation est à ce point complexe, il n'est pas étonnant qu'elle déclenche des contrariétés.

Les disputes entre femmes ont donc différentes causes.

Premièrement, il y a ces clichés propagés par la société

selon lesquels les femmes sont en général des peaux de vache les unes avec les autres, qu'il faut donc en règle générale se méfier de ses semblables.

Deuxièmement, on apprend aux femmes à avoir peur du corps féminin afin qu'elles ne soient pas cataloguées comme lesbiennes. Derrière cette peur du corps des autres femmes se cache en réalité un amour refoulé pour le corps de celles-ci. Cet amour, cet intérêt sont recouverts de tels tabous que les sentiments d'affection se transforment en hostilité entre femmes.

Troisièmement, les femmes ont souvent peur que d'autres les blessent, les anéantissent ! Eu égard aux points un et deux, ces craintes ne sont pas injustifiées. Si elles viennent s'ajouter à ce malheureux penchant qu'ont les femmes à se sentir de toute façon inférieures aux hommes, alors l'hostilité et l'agression ont de quoi perdurer !

Enfin, il existe de nouveaux motifs de bagarres. Elles viennent du malaise doux-amer que les femmes ressentent à cause de leur nouveau rôle social. On pourrait le caractériser comme une sorte de mal du pays. Et c'est là une question surprenante : comment devons-nous maintenant nous comporter ensemble alors que nous nous trouvons dans une réalité sociale différente à laquelle nous avons d'ailleurs contribué ?

La susceptibilité des femmes vient du fait qu'elles ont conscience que les choses ont bougé, que leurs expériences ne sont plus celles de leurs mères et elles n'y sont pas préparées psychologiquement et émotionnellement. Elles véhiculent malgré elles une image qui ne correspond plus à leur réalité et se trouvent dans cet entre-deux qui n'a pas vraiment été pensé avant elles. Et ce malaise qu'elles vivent souvent en silence vient de ce gouffre entre l'ancien modèle féminin et cet espace de liberté qui s'ouvre devant elles. Car c'est à un nouvel ordre social qu'elles donnent naissance et pour lequel il faut inventer de nouveaux rapports humains.

V

Les femmes au travail

Les relations que les femmes nouent entre elles sur leur lieu de travail se sont de toute évidence transformées et diversifiées. Aujourd'hui, davantage de femmes ont une femme comme supérieur hiérarchique – quelques-unes d'entre elles ont même la chance d'avoir des associées !

Personne n'a jusqu'ici écrit, que je sache, un livre sur les relations que les femmes tissaient entre elles sur leur lieu de travail d'un point de vue psychologique. Analyser ce domaine est extrêmement difficile. Tout bouge et tout est très complexe. Je voudrais montrer comment la psychologie des femmes évolue dans le monde du travail.

Le cliché le plus rebattu sur les femmes au travail est celui-ci : elles sont sournoises. Qu'on se préserve des femmes carriéristes ! Elles transforment le bureau en enfer ! Ces jugements peu amènes apportent de l'eau au moulin du vieux poncif sur la nature féminine selon lequel les femmes sortent leurs griffes et s'arrachent les yeux dès qu'elles sont enfermées dans une même pièce ! On entend par ailleurs que les femmes sont comme les hommes. Dévorées d'ambition, sans scrupules, elles n'auraient rien d'autre en tête que leur carrière et seraient à tout instant prêtes à démolir une autre femme. Impossible de faire confiance à une femme !

Ces assertions renferment-elles une once de vérité ?

Les relations entre collègues de travail prennent de l'importance. Le pouvoir des femmes dans les grandes entreprises croît. Un plus grand nombre de postes est occupé par des femmes, et celles-ci parviennent à des postes plus élevés que par le passé. Cependant, leurs revenus sont statistiquement moins importants que ceux des hommes. Les femmes exercent néanmoins un pouvoir accru sur l'économie : leur pouvoir d'achat a augmenté. Elles pourraient contrôler le marché en choisissant d'acheter certaines marques. Le monde du travail a donc besoin d'elles – sans compter qu'elles représentent une main-d'œuvre moins chère ! –, et de plus en plus de femmes ont affaire avec leurs consœurs. C'est là une source de pouvoir importante. A cela s'ajoute le fait que de nombreuses femmes dirigent des commerces et des entreprises florissants.

On continue pourtant à leur reprocher d'être lunatiques, susceptibles et moins sûres que leurs collègues masculins. Elles doivent pourtant accomplir beaucoup de tâches simultanément, beaucoup plus de tâches que les hommes. Elles sont sans cesse obligées de prouver qu'elles font du bon travail. Pour y parvenir, elles doivent faire en sorte que leurs relations avec les autres femmes fonctionnent – qui plus est au sein d'équipes construites selon des critères typiquement masculins. La façon dont les femmes se comportent ensemble n'est pas structurée hiérarchiquement (à l'exception de la relation mère-fille).

Comment les femmes se comportent-elles à leur travail ? Leurs réponses m'ont livré des informations surprenantes :

« Au cours des années passées, j'ai connu de nombreuses femmes à des postes à responsabilités – des femmes de tous âges aux multiples activités et à l'apparence soignée. Leur comportement était la plupart du temps remarquable. J'ai même trouvé l'une d'entre elles admirable. Ces femmes, jeunes et moins jeunes, irradiaient une nouvelle conscience de leur pouvoir, une sorte de pouvoir tranquille – une sérénité intérieure qui inspirait confiance. Un pouvoir qui m'agréait, un pouvoir dont je n'avais pas peur. »

Les femmes ne sont pas convaincues que la structure hiérarchique soit indispensable à une organisation efficace du monde. Les grandes entreprises sont structurées hiérarchiquement. Tout comme à l'armée ou dans les équipes de football, il y a des séries d'ordres. Si les femmes ne sont pas sûres, c'est parce qu'elles ne savent pas comment se comporter dans les structures qu'on leur propose. Alliées naturelles ? Ennemies potentielles ? Mères ou filles ? Doivent-elles se tenir à distance ou être proches ?

Les femmes veulent être solidaires et cordiales les unes avec les autres, mais c'est en contradiction avec la structure hiérarchique. Voilà pourquoi elles essayent de développer de nouvelles relations de travail qui, tout en obéissant à la hiérarchie, sont différentes.

S'ajoute le fait qu'il y a dans de nombreux bureaux des femmes de la « vieille école » (à laquelle appartiennent également de jeunes femmes) – et cela perturbe une femme qui essaie d'introduire une solidarité féminine entre collègues. Quand une femme, par exemple, est très aimable avec une collègue, elle peut sans le vouloir effrayer cette dernière, car celle-ci pense qu'on attend d'elle qu'elle soit aimable et coopérative pour la seule raison qu'elle est une femme.

Prenons un autre exemple : la plupart des femmes savent que ce n'est pas politiquement correct de montrer ouvertement qu'on rejette les femmes et de ne fréquenter que les cadres masculins. C'est pourquoi toutes les femmes aujourd'hui font de grands sourires à leurs semblables – mais toutes ne sont pas sincères ! Comment une femme peut-elle faire la différence entre celles qui désirent une véritable collaboration et celles qui ne veulent qu'en donner l'impression ? Combien de femmes se demandent-elles pourquoi elles devraient fréquenter leurs consœurs alors que le pouvoir est entre les mains des hommes ?

Quelles en sont les répercussions dans la pratique ?

Le problème n'est pas le travail en soi, mais le climat psychologique auquel les femmes sont confrontées. Elles doivent apprendre non seulement à appréhender les peurs des hommes qui craignent que les femmes leur prennent le pouvoir, mais aussi à collaborer dans un système hiérarchique qui leur convient mal. Ces nouvelles données génèrent naturellement une situation de stress.

Histoires de secrétaires

Il y a des secrétaires qui aiment leur chef, d'autres qui la haïssent. Il y a celles qui répondent au préjugé courant : la femme, quand elle devient le chef, se comporte en harpie : « Ma chef est une véritable punaise. Elle pense que les règles de politesse ne la concernent pas. Les relations avec elle sont difficiles. Je crois qu'elle est jalouse de ma jeunesse. Que dois-je faire ? »

C'est une plainte qui revient constamment dans les témoignages que j'ai recueillis. Elle peut être la conséquence d'attentes exagérées. Il se pourrait que nous partions du principe que les femmes sont automatiquement plus serviables et chaleureuses. Jamais on n'attendrait une telle chose d'un homme. Aussi, il est malhonnête de l'exiger d'une femme à moins que les hommes ne soient obligés de répondre également à ces critères. Espérons-nous que les femmes se comportent plus aimablement que les hommes, soient des mères parfaites (plus parfaites que celle que nous avions) qui s'occupent de nous comme jamais nous ne l'attendrions d'un homme ? Avons-nous à redire quand une femme a du pouvoir, nous sentons-nous sous pression, et plus fortement que lorsque c'est un homme qui exerce cette pression ? Pourquoi ?

Une autre secrétaire décrit sa chef en ces termes : « Ma chef pique sans cesse des colères – en fait il ne se passe pas une journée sans qu'il y ait une horrible crise. Soit c'est le téléphone qui n'arrête pas de sonner ou alors c'est un client qui a changé d'avis, qui refuse de payer à la livraison des marchandises ou qui remet le paiement aux calendes grecques. Certes, elle a le droit de s'énerver, mais c'est toujours moi qui prends tout, et elle affirme que tout est de ma faute.

Hier par exemple, quand elle est revenue de son déjeuner avec des clients, elle s'est mise à m'engueuler parce qu'elle a vu que je n'étais pas en train de travailler : l'ordinateur était tombé en panne. Je n'ai pas osé poursuivre mon travail, j'ai préféré attendre son retour. Quand elle a vu que je n'avais pas terminé mon travail, elle m'a crié dessus en présence des clients. Je me suis sentie profondément humiliée : les deux clients attendaient, bouche bée, de voir comment ça allait finir. J'ai dû, devant eux, adopter un profil bas, car sinon j'aurais perdu ma place. Je me sentais minuscule et bête. Mais je comprends aussi ma chef. Je crois qu'elle se donne beaucoup de mal. Parfois elle m'explique tout et je peux alors me mettre à sa place.

Pourtant moi aussi je fais beaucoup d'efforts, je travaille de mon mieux, et je suis à chaque fois au trente-sixième dessous, si bien que le soir je pleure toutes les larmes de mon corps, assise dans ma chambre. »

D'autres secrétaires pensent, au contraire, que c'est épatant de travailler pour une femme : « Pour le premier poste que j'ai occupé après avoir quitté l'école, j'étais chargée du classement dans une agence. C'était une PME de trois personnes et mon seul plaisir consistait à boire un café à la pause de midi. Mon salaire était si bas que je ne pouvais pas m'offrir de vrai repas.

Mon chef était un homme qui souriait très rarement.

A côté travaillait une femme : elle dirigeait une agence de voyages. Un jour, je suis restée si longtemps devant, à regarder à travers la vitrine, que cela aurait semblé bizarre que je n'entre pas. J'ai pénétré alors dans l'agence et j'ai fait semblant de consulter les prospectus.

Elle était en train de téléphoner mais elle s'est interrompue un moment pour s'excuser : elle était débordée et seule, aurais-je trois minutes ? Je me demandais pourquoi elle travaillait toute seule, mais je n'ai rien dit. J'étais si nerveuse. Pourtant, je me sentais bien chez elle et je savais qu'elle ne m'en voudrait pas si je jetais seulement un coup d'œil.

Pour abréger une longue histoire, après m'avoir vue plusieurs fois dans son agence, elle a compris que je travaillais à côté. J'ai commencé par lui donner un coup de main pendant ma pause-déjeuner et après le travail. Cela s'est transformé en un emploi à plein temps dès que ses affaires ont mieux marché. Mon poste est merveilleux. Ma chef ne me paye pas beaucoup plus que mon ancien patron, mais j'ai de super-réductions sur les voyages et je peux partir en vacances tous les trois mois. Je rencontre un tas de gens – alors qu'avant je ne voyais que trois visages ennuyeux dont celui, maladif, de mon chef. J'ai maintenant beaucoup d'amis. Ma chef est jeune, trente-cinq ans environ, dynamique, énergique, gaie, et elle est jolie. Elle aime la vie.

J'aime bien travailler pour elle, car j'ai l'impression que mon avis compte même si c'est elle qui prend les décisions. Parfois, elle me donne une partie de ses commissions quand celles-ci sont importantes – ce qui est vraiment sympa – et une fois, je lui ai offert une bouteille de vin et une autre des fleurs. J'ai l'impression d'exister depuis que je travaille pour elle. Ma vie privée s'est épanouie et je crois que c'est parce que je travaille dans une atmosphère stimulante. »

Histoires de patronnes

Les chefs femmes aussi se plaignent de leurs secrétaires, en premier lieu de ce que leur comportement laisse accroire qu'elles préféreraient travailler pour un homme car elles ne considèrent pas les femmes comme aussi importantes !

Mais il y a des exceptions.

« J'ai une secrétaire formidable. A un moment donné, j'avais tant de travail que je suis restée deux jours de suite dix-huit heures d'affilée au bureau. Je dormais sur le divan, à côté de l'ordinateur. Elle s'asseyait à l'ordinateur quand je le quittais et entrait les données que je n'avais pas eu le temps de terminer. Une fois, à mon réveil, elle avait fini tout mon travail et fait le sien, puis elle avait nettoyé la cuisine du bureau, dépoussiéré mes dossiers et préparé un magnifique petit déjeuner. Elle arrive à déchiffrer mes gribouillis sur les documents et parle d'une voix d'ange au téléphone pour m'excuser de ne pas pouvoir répondre moi-même. C'est une perle. Est-ce toujours ainsi quand on a une femme formidable à ses côtés ? »

Quand une femme crée des conditions de travail agréables et que la secrétaire a l'impression d'être son égale ou son amie, cela peut engendrer des situations confuses et des malentendus. Cela se produit quand la secrétaire ne connaît pas d'autre modèle relationnel ne remettant pas en cause sa fragile confiance en elle :

« Je travaille dans le département des relations publiques d'un grand journal. J'y suis depuis presque quinze ans, j'ai donc l'habitude de voir défiler des secrétaires. J'en ai d'ailleurs deux ! Oui, j'occupe un poste important. Je dois tout le temps m'occuper d'elles. Parfois, je suis obligée de leur crier dessus, elles ne retroussent pas leurs manches comme elles le feraient pour un homme. Elles sont tout à fait capables de faire quelque chose. Mais dès que je suis gentille et compréhensive, elles pensent que je suis sympa et mignonne, une amie, leur égale. Une me raconte qu'elle a ses règles, l'autre me parle de ses conflits avec son petit ami, arrive en retard au travail pour cette raison et attend ensuite son coup de fil ! Et il faudrait que je sois compréhensive. Sinon, je suis une garce ! Mais je me demande si elles attendraient la même chose d'un homme. Bien sûr que non ! Elles s'imaginent en plus que travailler pour un homme leur donnerait un meilleur statut. Par conséquent, je suis obligée de me comporter comme une garce, même si pour ça elles doivent me détester. C'est la seule solution si on veut faire marcher la boutique. »

« Je n'arrive pas à trouver une vraie bonne secrétaire.

J'ai une petite imprimerie et j'ai besoin d'aide. Je peux m'offrir, et encore avec beaucoup de peine, une seule collaboratrice ; celle-ci doit être efficace. Je travaille vingt-quatre heures sur vingt-quatre pour que mon entreprise ne coule pas. Ma secrétaire n'attend qu'une chose : que dix-sept heures sonnent pour laisser tomber son stylo. Quoi qu'il y ait à faire. Je lui ai finalement dit qu'elle devait rester quand moi je travaillais encore, qu'elle ne pouvait pas me laisser tomber comme ça. Elle le peut, bien sûr, et je devrai chercher une remplaçante qui prend son travail plus à cœur. S'investirait-elle plus dans son travail si j'étais un homme ? Prendrait-elle son métier plus au sérieux ?

J'ai parfois l'impression qu'elle me prend pour sa mère et qu'elle joue la fille capricieuse qui trouve super de se rebiffer. Et pourtant, elle a cinq ans de plus que moi. Puis je pense qu'elle se prend pour la mère qui supporte avec patience les colères et les tensions de son affreuse fille. Quand il s'agit de la survie de mon entreprise, je n'aime pas travailler avec quelqu'un qui a de telles idées. Je crois qu'elle accepterait davantage qu'un homme soit tendu. Je suis fermement décidée à monter cette entreprise. Je crains que la plupart des secrétaires aient de semblables idées préconçues. »

« C'est la première fois que ma nouvelle secrétaire travaille pour une femme. Elle abat beaucoup de travail, mais je remarque à des petits riens qu'elle me sabote. Quand je dois partir en voyage, elle me réserve une place d'avion à la dernière minute. Une telle attitude est néfaste à mes affaires, mais je suis tellement débordée que je ne peux pas faire chaque fois un scandale. Est-ce qu'elle oublierait de téléphoner à l'agence de voyages si j'étais un homme ? Peut-être pense-t-elle que mes voyages d'affaires sont en fait des excursions. Si j'étais un homme elle penserait sans aucun doute que c'est plus important. De temps en temps, j'explose. Alors, elle fait semblant de bouder et se comporte comme si elle était une amie dont on aurait blessé les sentiments. Elle reste assise, se lime les ongles et attend que je lui présente mes excuses. Je ne sais pas combien de temps je vais encore la garder. »

Cela dénote un manque de fierté de travailler pour une femme. L'homme représente un statut plus élevé. Travailler pour une femme donne encore un sentiment de dévalorisation à des femmes éduquées dans la vénération du pouvoir qui ne peut qu'être masculin.

Après vingt-cinq ans de féminisme, les femmes sont en droit d'attendre autre chose du monde du travail, une entraide et une solidarité minimales. Bien sûr, la solidarité n'élimine pas la concurrence. Que se passe-t-il quand deux femmes se portent candidates pour le même poste ? Elles ne peuvent être ni solidaires ni loyales. Mais il y a des règles du jeu. Les politiciens sont depuis longtemps confrontés à ce dilemme. Ils s'opposent mais, de retour dans leur parti, ils tirent dans le même sens.

Cependant, il ne s'agit pas de dire si les femmes doivent être soudées, mais bien plutôt si cela les aide quand elles se tournent vers les femmes ou si cela a une incidence négative sur leur carrière. Pour dire les choses franchement : est-il préférable pour les femmes qu'elles se tiennent du côté de leurs collègues masculins si elles veulent de l'avancement, ou y sont-elles obligées ?

La solidarité féminine : aide ou préjudice ?

Voici comment une femme formule cette question : « Est-ce que je sacrifierais des avantages matériels pour mon idéalisme ? Pour la loyauté envers les femmes, pour un but commun ? »

Certaines désirent tout simplement avancer par le chemin le plus rapide. La question est bien sûr : est-ce que ça marche ? Le climat professionnel a changé et l'on peut se demander si les femmes atteignent leur but de cette façon, malgré la légende de la promotion-canapé.

Cependant, il est toujours préjudiciable de se montrer ouvertement pro-femmes au détriment des hommes :

« Je n'aurais jamais dû être féministe. Qu'est-ce que l'égalité m'a apporté, à moi ? Il y a quinze ans, mon chef voulait m'offrir une maison à condition que je devienne sa maîtresse. J'ai éclaté de rire et dit : "Aujourd'hui, les femmes peuvent renoncer à cette saloperie." J'ai reçu un prix pour les documentaires féministes que j'avais tournés pour la télévision. Je pense aujourd'hui que j'aurais dû accepter la maison avec des diamants par-dessus le marché ! Je suis pauvre, j'ai cinquante-trois ans et je ne possède rien. Je suis obligée de vendre ma maison pour survivre. »

Il est tout à fait possible que certaines femmes aient de nos jours peur, et à raison. Quelques-unes regrettent de ne plus pouvoir utiliser leurs talents de séductrice, autrefois partie intégrante de leurs négociations avec les hommes. Elles trouvaient le jeu intéressant et y voyaient un défi à relever, elles avaient l'impression de chasser du « gros gibier » et selon des méthodes éprouvées.

Posons-nous toutefois cette question : de quoi les femmes profitent-elles le plus à long terme, de la solidarité ou d'agir en faisant cavalier seul ? Nous les femmes, nous allons mieux aujourd'hui qu'hier. Nous avons le droit de travailler et nous recevons souvent le même salaire parce que nous avons lutté côte à côte pour obtenir ces droits. Nos retraites sont plus élevées qu'autrefois, nous disposons de comptes bancaires personnels, ce qui était impossible auparavant, et notre vie s'est grandement améliorée à maints égards. Et pourtant : il reste encore de nombreux objectifs que les femmes n'ont pas atteints, comme l'égalité factuelle des salaires, la formation d'un nombre plus grand de femmes de par le monde, la protection contre les violences sexuelles. Et pour ces objectifs, la solidarité est pour le moins payante.

Les femmes dépendantes des hommes

« Certaines femmes n'ont que les hommes en tête, elles sont complètement obnubilées par eux, comme si elles avaient subi un lavage de cerveau. »

Une femme dépendante des hommes cause un préjudice aux autres femmes, détruit la confiance que les collègues masculins ont dans les femmes pour, d'une façon malhonnête, en tirer des bénéfices et avoir droit à une promotion.

Il arrive que des femmes se comportent ainsi par peur, cynisme ou mesquinerie. Il est très naturel de ressentir de la peur face à un pouvoir menaçant. Comme une femme l'explique : « Les femmes ont peur des hommes. Elles ont peur qu'ils les blessent, les virent, médisent sur leur compte, ne les aiment pas, les tournent en ridicule. »

Sur le lieu de travail, cette peur apparaît dans de petits détails. Certaines femmes racontent que leurs amies changent d'attitude dès qu'un homme est présent. Elles ont peur de mettre en cause les propositions des hommes ou de les contredire ouvertement. Elles ne se défendent même pas contre des remarques misogynes proférées en public. Ces femmes se rendent compte que leurs amies craignent de mener une conversation, de défendre leur point de vue à haute et intelligible voix pendant les réunions. De nombreuses femmes hésitent encore à se comporter sur leur lieu de travail de manière décidée, c'est-à-dire en mettant en question la domination masculine, en conduisant une réunion ou en proposant de coanimer une discussion. Elles ne craignent pas seulement d'être méprisées ou d'être la cible des attaques masculines, mais aussi que les femmes ne les soutiennent pas et qu'elles les laissent tomber. Quand une femme a son franc-parler – une attitude très appréciée par les autres femmes –, elle risque de heurter les hommes. Si elle est charmante et modeste, ce sont les femmes qui se détournent, voire se méfient d'elle. Quel camp doit-on choisir ?

En se serrant les coudes les femmes peuvent combattre leur peur, créer une nouvelle forme de pouvoir qui aiderait également les hommes. Nous devrions travailler à parler sans crainte, à reconnaître nos blocages, à nous soutenir les unes les autres et à nous défendre. Le succès ne se fera pas attendre, que ce soit dans la vie privée ou professionnelle ; il dépassera toutes nos espérances.

Les nouveaux projets d'aide au développement en Asie et en Afrique, par exemple, s'appuient de plus en plus sur les femmes et les réseaux de femmes. De nombreuses organisations internationales préfèrent dorénavant encourager des projets féminins en leur octroyant des crédits. Les remboursements de ces crédits sont plus sûrs que ceux consentis aux hommes, comme la Banque mondiale l'a reconnu en 1996.

Les femmes devraient se voir sous cet angle positif qui consiste à créer de nouveaux relais plutôt que sous les catégories de secrétaires et de chefs, ceci afin d'œuvrer conjointement, et le mieux possible, à l'aventure commune sur un plan professionnel.

Les égéries et leurs protégées

On rencontre cette constellation de plus en plus fréquemment. « Une femme m'a élue pour lui succéder à la tête de la Symphony Guild. Elle a passé beaucoup de temps à me préparer à ma future fonction, et elle trouvait en même temps en moi quelqu'un à qui confier ses désillusions. Je ressens encore pour elle une profonde amitié et j'ai le sentiment qu'elle m'apprécie beaucoup. Je lui suis infiniment reconnaissante d'avoir cru, à l'époque, en mes compétences directoriales alors que je n'en étais pas encore arrivée à ce niveau. Elle m'a aidée, entre autres, en me confiant ses propres doutes et en me demandant conseil. Elle m'a traitée comme son égale avant même que je puisse le ressentir ainsi. Finalement, elle, moi et quelques autres femmes également prêtes à prendre des responsabilités dans un travail bénévole – ce qui d'ailleurs nous a menées à occuper des postes élevés –, nous sommes devenues un groupe de premier ordre dans notre petite ville. Et si nous ne sommes pas des amies très intimes, nous avons les unes pour les autres le plus profond respect, nous nous sentons liées et considérons qu'il est très important que chacune d'entre nous se réalise, y compris d'un point de vue sentimental. »

Certaines femmes sont très heureuses d'aider de plus jeunes qu'elles et de les diriger, c'est-à-dire d'être leurs égéries en construisant une relation de confiance réciproque :

« Je suis responsable du service comptable d'une grande entreprise. Il arrive que de jeunes femmes soient surprises de voir une femme à la tête de ce département. Je crois qu'elles aimeraient bien en savoir plus sur moi, ce qu'on ressent quand on occupe un tel poste. Elles se demandent si elles aimeraient un jour être à ma place – ou si ça vaut le coup. Cela me fait toujours sourire – bien sûr que cela vaut le coup ! Elles me demandent toujours si j'ai besoin de leur aide ! Pendant qu'elles m'aident, elles apprennent ce qu'elles veulent savoir : que je vais bien, que je suis heureuse, que je ferais la même chose si je devais recommencer. Que j'ai débuté comme toute petite fille normale et que c'est en travaillant dur que je suis arrivée là où j'en suis. Qu'elles aussi peuvent réussir. J'espère que cela les aide. »

« J'ai un doctorat ès sciences et je travaille dans la recherche, dans un laboratoire de pointe dans ma spécialité, en fait un domaine masculin. C'est au mouvement féministe que je dois ma vie professionnelle. C'est pourquoi je consacre plus de temps aux femmes et que je les aide davantage que je ne le ferais si je n'écoutais que moi. Je leur consacre beaucoup de temps même si je préférerais poursuivre mes propres recherches, mais c'est très satisfaisant. »

Il ne faut pas que les protégées aient trop d'attentes, les égéries ne sont pas des ersatz de la mère, ne doivent pas être exploitées : « Quand elle dépend trop de mon accord et qu'elle réclame toujours plus, je suis mal à l'aise, je me sens écrasée. »

Inversement, quand une égérie a trop d'attentes, exerce une trop forte pression, cela entrave tant la femme qu'elle désire aider que celle-ci est tendue.

De nombreuses femmes aimeraient trouver un chemin qui mène à une collaboration. Mais d'un point de vue psychologique, quelque chose empêche que ce vœu se réalise : le vieux contrat tacite, empreint de défiance entre les femmes, qui stipule entre autres « quand tu sors avec d'autres femmes, ne te maquille pas trop, ne porte pas de vêtements séduisants, fais attention à ne pas les rendre jalouses ». Mais est-ce encore vrai ? Un vrai déjeuner d'affaires signifie, de nos jours, que les femmes se font belles les unes pour les autres, y compris en se mettant du rouge à lèvres et une tenue attrayante ou chic.

C'est au contraire une connivence de plus que de se trouver élégantes, cela augure de rapports de travail de respect et d'entente. Invitez à manger votre collègue de bureau et discutez avec elle pour savoir comment stimuler votre collaboration. Utilisez votre imagination ! Qu'au sein des entreprises ou dans les institutions publiques les femmes se rencontrent une fois par mois pour échanger leurs points de vue, discuter, comparer leurs salaires ; elles pourraient alors revendiquer un statut égal à celui des hommes au sein de l'entreprise.

Dans les grandes entreprises américaines, de nombreuses femmes ont formé des « lobbies de femmes » pour être représentées auprès de la direction et réclamer des salaires plus élevés, de meilleures conditions de travail ou davantage de promotions de femmes à des postes de direction. Il est compréhensible que de nombreux dirigeants d'entreprises aient vu cela d'un mauvais œil, certains d'entre eux ont même mis les femmes à la porte. Celles-ci ont porté plainte, à la suite de quoi elles ont retrouvé leurs postes. D'autres entreprises ont essayé de s'entendre avec les femmes, et celles-ci ont gagné du terrain en obtenant des augmentations de salaire et des primes.

Un phénomène très intéressant est apparu ces derniéres années : un nombre croissant de PME sont dirigées par des femmes aux États-Unis, en Europe et en Afrique et ces entreprises ont un taux de réussite élevé et font des bénéfices à long terme.

Par exemple, deux petites banques internationales ont été présentées pendant la conférence des femmes de Pékin en 1995. Elles se sont spécialisées dans l'octroi de crédits modestes aux femmes qui veulent prendre leur indépendance, en particulier dans les pays du tiers monde. Les crédits s'élèvent en moyenne à cinq cents dollars, une somme suffisante pour monter son entreprise dans de nombreux endroits. Il s'est avéré que le taux de remboursement de ces prêts est beaucoup plus élevé que celui des autres banques qui concèdent des crédits à la création d'entreprise.

En dépit de tous les clichés, les femmes transforment le paysage affectif sans perdre de vue la réalité sociale. Elles nouent des relations durables et des alliances qui leur donnent plus de pouvoir – un pouvoir non pas destructeur, mais constructif et qui se ressent dans le monde entier.

Je crois que ce pouvoir que nous avons gagné dans la vie professionnelle est l'héritage que les femmes du vingtième siècle lèguent à celles du vingt et unième siècle – comme jadis les suffragettes du dix-neuvième ont ouvert aux femmes du vingtième la voie du pouvoir politique en exigeant le droit de vote.

VI

Les relations homosexuelles

Les relations amoureuses entre les femmes existent sous de multiples formes. De nos jours, les magazines de mode et les clips vidéo mettent volontiers en avant les femmes homosexuelles. Mais quelle est la réalité qui se cache derrière ces clichés séduisants ? J'aimerais, dans ce chapitre, traiter des formes fort différentes que prennent les relations amoureuses entre les femmes de tous âges. Ces relations sont marquées par de profonds sentiments auxquels se mêle une part de sérénité, d'imagination, d'érotisme, de tragédie, de romantisme et de plaisir. Oubliez tous les clichés et lisez ces tranches de vie qui abordent tous les aspects de la vie commune, de la sexualité, et ce qui s'y joue.

Les relations lesbiennes sont aujourd'hui comme hier taboues, même si elles sont à la mode. Un paradoxe de notre société, qui permet et condamne à la fois. Ce qui rend le sujet de l'homosexualité à la fois explosif et dangereux car on peut y interpréter toute parole dans un sens différent de celui qui est désiré. C'est ainsi que ce chapitre pourrait donner à croire que seule une lesbienne est capable d'une vraie solidarité – interprétation erronée. Mon seul souhait est, en revanche, de décrire ce style de vie sans idée préconçue. Si vous vous intéressez à cette question, si vous désirez savoir qui sont les lesbiennes, ce qui se joue dans les relations homosexuelles, comment se passent la sexualité et l'intimité, poursuivez votre lecture. Ce sont nos différences qui nous rendent fortes – nous formons une sorte d'orchestre symphonique, à chacune de trouver sa partition.

Les relations sexuelles entre femmes sont intéressantes et très satisfaisantes – meilleures que celles avec les hommes, dit-on. Elles seraient plus intimes et plus chaleureuses, que ce soit affectivement ou sexuellement. Mais sont-elles « normales » ? Les lesbiennes ne sont-elles pas « différentes » ? Peuvent-elles éduquer des enfants et construire leur vie ensemble, ou les relations lesbiennes ne sont-elles seulement qu'un passe-temps tant qu'on est jeune ? Les lesbiennes ne se retrouvent-elles pas un jour toutes seules et sans personne pour s'occuper d'elles ? Les femmes interrogées disent au contraire qu'arrivées à l'âge mûr, on se sent moins seule quand on a construit sa vie en prenant appui sur les femmes.

Qu'est-ce que l'amour ?

C'est un plaisir d'entendre les femmes parler de l'admiration et de l'amour qu'elles vouent à une autre femme : « Elle était la première relation de ma vie – vraisemblablement l'ai-je aimée plus qu'aucune autre femme de ma vie. Je l'ai aimée en toute naïveté et dans un total abandon. Elle était intelligente, sensible, douce, serviable et séduisante – grande, de longs cheveux bruns, des yeux marron, comme les miens, brillants et très sereins. Je suis entre-temps devenue plus circonspecte. Je ne m'abandonnerai plus jamais à personne. Mais chaque sentiment découvert plus tard prend racine dans cette première liaison qui m'a complètement dévorée. »

« Je n'ai rien vécu de plus merveilleux que cette histoire d'amour. Même à cette époque, je ne croyais pas que c'était possible. Mais quand je l'ai rencontrée, je me suis rendu compte que tout ce que j'avais lu sur l'état amoureux était vrai. C'est avec elle que je l'ai vécu. Il est important de tomber amoureux d'une personne et de vivre avec elle car c'est une expérience incroyable et complètement dingue. Quand, plus tard, la relation est plus mûre, plus sereine et qu'elle dure, on peut se souvenir ensemble des premiers temps – et cela est d'un grand secours lorsque les premiers problèmes surgissent. Surtout quand ils sont terribles, quand l'adaptation semble trop difficile et les sacrifices trop grands, tout dépend alors de l'amour qu'on se porte. Notre histoire dure depuis cinq ans déjà. »

La moitié environ de toutes les lesbiennes que j'ai interrogées pensent qu'être amoureuse ne suffit pas pour nouer une relation car c'est un état trop éphémère. L'autre moitié croit au contraire qu'il est bon et souhaitable de tomber amoureuse. Les homosexuelles sont plus nombreuses que les hétérosexuelles à penser que l'état amoureux constitue une bonne base sur laquelle fonder une vie commune. Les hétérosexuelles préfèrent au béguin passionnel un amour plus prévenant et plus sage.

Mais quelle est en fin de compte la différence entre le sentiment amoureux et l'amour ?

« L'état amoureux est comparable à une drogue, à l'euphorie, à un état hypnotique : on y laisse derrière soi toute conscience des responsabilités, et on se comporte comme des enfants. L'amour, c'est la confiance, la sollicitude, la faculté de s'identifier à quelqu'un. »

« L'état amoureux est un sentiment d'euphorie qui nous fait planer. Mais quand il s'agit de vivre avec quelqu'un, il vaut mieux l'aimer. »

On entend dire parfois que l'état amoureux serait un signe de manque de maturité, serait éphémère et incertain. Contrairement à l'opinion courante, je ne crois pas que cela soit synonyme d'immaturité quand on passe d'une liaison passagère à une relation durable. C'est même le contraire : cela permet, au nom de sentiments plus profonds, de supporter de plus lourds fardeaux. Plus on est « adulte », plus on est capable de juguler des crises et de s'arranger avec des situations instables inhérentes à une histoire passionnelle. Vivre avec quelqu'un qui ne nous « mettra pas par terre » est indubitablement plus rassurant et plus simple.

Selon les femmes que j'ai interrogées lors de mes enquêtes, la plus belle chose qui existe dans un amour lesbien est d'être tendre et de discuter en même temps.

« Nous nous aimons, nous nous enlaçons, nous discutons, nous faisons l'amour, nous sommes tendres l'une avec l'autre, nous continuons à converser – voilà à quoi ressemble notre vie commune. »

« J'aime me blottir dans les bras de mon amie devant la télé ou avoir une conversation intime avec elle. S'aimer est une chose fantastique. Nous sommes très tendres l'une avec l'autre. Même en public, nous ne nous laissons pas intimider par les coups d'œil ou les ricanements. Nous les ignorons purement et simplement. Nous y voyons le moyen d'habituer les gens à affronter l'homosexualité. »

Les lesbiennes disent souvent que leur amante est en même temps leur meilleure amie et qu'elles trouvent beaucoup de plaisir ensemble : « Même avant que nous ne devenions amantes, nous partions en excursion avec ma voiture, nous organisions des pique-niques, faisions des promenades et allions nager. Notre amitié m'a toujours excitée, j'étais nerveuse quand j'avais rendez-vous avec mon amie. Sa douceur, sa beauté... Elle était toujours là pour moi. »

« Ce qui nous plaît ? Jouer de la musique ensemble, nous lire quelque chose à haute voix, faire des randonnées et du vélo, nous tenir enlacées et être très proches l'une de l'autre sans faire l'amour chaque fois. »

Qu'est-ce qui fait donc le charme particulier de la sexualité entre femmes ? La plupart d'entre elles disent que faire l'amour avec une femme est quelque chose de merveilleux. Elles ont plus d'orgasmes que celles qui ont des relations hétérosexuelles. De nombreuses études ont traité ce sujet. Mes sondages, publiés dans les *Rapports Hite*, l'ont également confirmé. Cependant, les femmes avancent d'autres raisons expliquant pourquoi elles aiment faire l'amour avec leur amie, telles que l'égalité entre les partenaires, la chaleur et la sensibilité, le côté mystérieux d'une telle relation, sa passion et son intensité.

Que font les femmes quand elles font l'amour ensemble ?

« Notre vie sexuelle est formidable ! Absolument excitante ! Je peux tout lui demander. J'ai toujours un orgasme. Ce qu'il y a de mieux, c'est de se sentir excitée et proche. J'ai peur de ne plus jamais trouver d'amante avec qui j'éprouverais autant de plaisir au lit. Pour moi, la passion est très importante. Je ne pourrais jamais avoir de relation importante avec une femme si je n'éprouvais pas une intense passion. En outre, j'aime la façon dont les femmes passionnées s'approprient la vie. La passion n'est pas seulement une qualité sexuelle, c'est une façon de vivre. Pour moi, aimer veut dire qu'il n'y a rien de plus important que le bien-être de mon amante. »

« J'aime ses seins, son clitoris, sa vulve, son vagin, son anus. J'aime l'amour oralo-génital – j'aime la goûter et la humer. Je crois que mon amante aussi aime me regarder et sentir mon odeur. Elle me stimule de façon extraordinaire, même quand elle touche à peine mon clitoris. Je ne suis pas obligée de l'aider, même si je l'ai fait les premières fois. Maintenant, elle me fait jouir. J'ai toutes sortes de fantasmes – agressifs, brutaux, doux, exhibitionnistes, sadiques, masochistes, d'autres où je suis violée, où j'ai des rapports hétérosexuels, bisexuels, zoophiles, pédophiles ou de sodomie. J'endosse le rôle de l'homme, de la femme, de l'enfant, de l'animal et de tout ce qui peut exister. Mon amante peut tout incarner, elle prend le rôle de tout un tas de gens dans toutes les situations possibles. Je lui raconte mes fantasmes avant, pendant ou après. Mais parfois je ne les lui dis pas. Et souvent, il n'y a pas de fantasmes, mais seulement nous. »

« Je ne me suis jamais sentie aussi libre avec quiconque. Nous discutons en faisant l'amour. Je la regarde se masturber, cela m'aide à la faire jouir. C'est quand je me sens très proche d'elle que je suis la plus passionnée. C'est comme si je savais où j'allais et j'atteins mon but. J'ai presque chaque fois un orgasme. J'aime l'amour oral, mais je jouis mieux manuellement. Cela me transporte de lui donner du plaisir, de sentir son excitation. Je me demande parfois ce qui me plaît le plus : avoir moi-même un orgasme ou sentir qu'elle en a un. »

« Avec une femme, ça dure – en ce qui me concerne – plus longtemps qu'avec un homme. Vingt minutes avec un homme, au moins une heure avec une femme, généralement plus longtemps. Les femmes ont beaucoup plus d'imagination que les hommes. Mes amies étaient d'une tendresse incroyable et pensaient aussi à mes besoins, pas seulement aux leurs. Les femmes ne me traitaient pas comme une machine qui doit être satisfaite, et elles ne s'endormaient pas aussitôt après. Aucune femme ne m'a jamais demandé : "As-tu joui ?" Une femme le sait tout de suite. »

« Je n'ai pas de raison d'avoir peur. Seule la fatigue met fin à nos jeux amoureux. Je ne dois pas m'efforcer d'avoir un orgasme afin de ne pas me sentir lésée au cas où elle en aurait un. J'aime l'aimer et être aimée par elle. Une femme, c'est formidable. Jamais je n'aurais écrit cela il y a ne serait-ce que cinq ans. Je ne pouvais pas sentir les femmes. J'avais l'apparence plutôt réussie d'une poupée Barbie. Mais j'ai toujours repoussé ces types qui ressemblaient à Ken. »

« Je trouve que les femmes font mieux l'amour ; elles savent ce dont les femmes ont besoin. Et avant tout, elles sont plus affectueuses que les hommes. Elles offrent plus de tendresse, de respect et comprennent mieux les sentiments. Les hommes étaient la plupart du temps davantage intéressés par leur propre plaisir que par le mien. »

« C'était mieux, parce qu'elle était une femme et que je m'abandonne plus facilement aux femmes, parce que sa peau était douce et tendre, parce que je n'avais pas besoin de penser à l'orgasme, qu'il n'y avait pas de programme et que je ne devais pas me demander quelle note de moralité elle allait m'octroyer, à quel degré de l'échelle des faiblesses féminines elle me mettrait : ange ou putain ? »

« Ce n'est pas comparable ! Faire l'amour est plus doux, plus affectueux. Les femmes sont beaucoup plus attentionnées et plus honnêtes dans leurs relations que les hommes. Beaucoup plus satisfaisantes. Comme Alix

Dobklin le chante : “Les boîtes de conserve n’ont rien à voir avec les plats faits maison, il n’y a pas d’air pur dans les embouteillages, et ce n’est pas dans les bras d’un homme que tu trouveras l’amour d’une femme. Jamais, au grand jamais !” »

Les étapes de l’acte sexuel entre femmes ne sont pas fixées. C’est pourquoi ces dernières peuvent avoir des relations regorgeant d’imagination. Dans le *Rapport Hite* ainsi que dans d’autres études, il apparaît que les femmes ont plus d’orgasmes au cours de rapports lesbiens qu’hétérosexuels. L’acte sexuel dure souvent plus longtemps, le corps tout entier est mis à contribution, et l’orgasme ne signifie pas pour autant que les jeux sexuels ont pris fin, comme c’est souvent le cas dans les relations hétérosexuelles.

Pouvoir, domination et soumission

« Jamais ma vie sexuelle n’a été meilleure, et ça n’est pas peu de le dire ! Nous avons rapidement remarqué que nos fantasmes se ressemblaient étrangement. Nous sommes toutes deux très passionnelles et avons presque toujours un orgasme. Nous baisons volontiers en utilisant nos doigts ou des godemichets et prenons toutes les positions qui nous traversent l’esprit. Nous aimons toutes les deux ne pas pouvoir bouger, parfois nous nous attachons ou nous tenons l’autre fermement. Nous aimons l’amour brut : nous nous enlaçons avec violence, nous nous mordons, nous tirons les cheveux et, à l’occasion, nous nous donnons des coups de fouet. J’adore lécher sa chatte, ça la rend dingue. »

« J’aime faire l’amour de façon hard et passionnelle, parce qu’on y oublie ses belles manières. On est sans contrainte, contrairement à ce qui se passe souvent dans un rapport sexuel politiquement correct. S & F : c'est le nom que mon amie a donné à la sexualité traditionnelle : soft et facile. Mon amante du moment et moi avons fait des expériences sadomaso, nous nous sommes enchaînées. Nous avons trouvé ça très excitant. »

« Le sadomasochisme joue dans ma vie sexuelle un rôle très important. Je ne peux pas mieux me débarrasser des sentiments que j'y exprime ainsi. Mais il faut avoir une grande confiance en l'autre. Quand elle est là, c'est facile de se laisser aller. La mauvaise presse dont pâtit le sadomasochisme a eu des répercussions sur la réalisation de mes fantasmes. Confiance, amour et ouverture me relient à mon amante et rejettent dans l'oubli tout mon passé. »

Une autre femme m'a confié une analyse profonde de sa personnalité et de ses relations sadomasochistes : « Après deux ans de séparation, je couche de nouveau avec ma première amante. Nous avons vécu onze ans ensemble et nous nous connaissons depuis quatorze ans. Nous nous sommes séparées trois fois. C'était chaque fois terrible. Je perdais l'appétit, mes règles arrivaient en retard, je vivais dans le brouillard. Je ne pouvais pas parler d'elle sans pleurer. Après la deuxième séparation, je me suis sentie pourtant plus libre, et c'était effectivement le cas. J'ai noué d'étroites amitiés avec d'autres femmes. Elle a fait de même.

Depuis que je suis de nouveau avec elle, je me retrouve dans un dilemme. Je ne crois pas que je sois amoureuse d'elle, en revanche, je suis sûre qu'elle m'aime et qu'elle m'a toujours aimée. Quand j'étais amoureuse d'elle, il était important pour moi qu'elle me conforte, qu'elle me donne des preuves de sa fidélité, qu'elle se conduise comme une associée, qu'elle sache tout sur moi et l'accepte. Or, depuis que j'ai eu d'autres relations, je sais combien c'était irréaliste et destructeur. Je suis loin d'être aussi exigeante. Je suis aujourd'hui à même de m'apercevoir à quel point elle m'aime. Je n'en avais jusqu'ici pas pris toute la mesure. Je ne veux plus que ma vie s'articule seulement autour d'elle, comme avant, mais un grand attachement et une véritable sollicitude nous unissent encore.

Avant, j'étais d'une jalousie maladive. A présent, la monogamie ne veut plus dire grand-chose pour moi. Néanmoins, je refuse de provoquer inutilement des dégâts. Depuis que je ne suis plus monogame, je suis beaucoup plus ouverte aux expériences. J'aime aller au lit avec différentes femmes.

Ma première amante aimait beaucoup qu'on la ligote ; la réalisation de ce fantasme lui procurait un intense plaisir. Nous nous sommes d'ailleurs rapprochées quand elle m'a raconté comment elle avait réussi à décider une femme à la frapper. J'ai été flattée qu'elle s'ouvre ainsi à moi. Lorsque nous étions amantes, nous jouions certaines scènes ensemble, mais je refusais de la frapper. Je lui disais qu'elle ne trouverait pas ça si super si elle avait eu une mère comme la mienne. Car alors elle saurait ce que cela signifie de battre comme plâtre hommes et bêtes. Mais au fil du temps, il m'est apparu que mon attitude était aussi contraignante que la sienne à mon égard, et je me suis trouvée arrogante de la considérer comme anormale, quoi que ce mot veuille dire.

Alors, je l'ai attachée, battue avec une corde, puis nous avons fait l'amour. Elle était transformée. Toutes ses inhibitions s'étaient envolées. Quand elle a joui, son visage s'est illuminé de beauté. Je ne sais pas comment décrire ça. Après, nous avons recommencé à avoir des relations sadomaso. J'avais l'impression d'être perverse mais, en même temps, j'étais heureuse parce qu'elle l'était. Quand je suis devenue une militante féministe, je me suis retrouvée dans un vrai conflit et, finalement, je l'ai quittée. Entre autres parce que j'avais l'impression de mener une double vie.

Puis, le mouvement féministe a traité du sadomasochisme. Quand on me demandait mon avis, je répondais en toute franchise. Grâce à mon expérience sadomaso, j'avais commencé à comprendre les sentiments de mon amante. Je crois que les relations sexuelles sadomasochistes lui donnaient de l'assurance. Au lieu d'être obligée de cacher ses angoisses sexuelles, elle avait le droit de les exprimer. Les rencontres sexuelles habituelles sont peu différentes des rencontres sociales courantes. On s'attend à ce qu'on soit aimable et poli et à ce qu'on ne fasse rien d'incompréhensible. On ne s'attend en aucun cas à montrer de la colère ou de la peur. En ayant le droit d'exprimer ses angoisses, mon amante était capable de les surmonter.

Je crois que ces relations sexuelles brutales appartiennent à la même catégorie que les fantasmes de viol que j'avais à l'adolescence. Je croyais que les hommes violaient les femmes qu'ils considéraient comme les plus fascinantes et les plus désirables, comme dans les livres d'épouvante. Aujourd'hui, j'ai beaucoup de fantasmes et j'en trouve toujours de nouveaux – ma vie fantasmatique semble faire feu de tout bois même si la situation initiale est toujours la même. En endossant un rôle particulier – une reine qui ordonne à son esclave de l'aimer ; les clients d'une prostituée ; une femme d'une beauté extraordinaire ou un homme super –, je m'autorise à m'adonner au sexe, et mon abandon est légitime. Tout le monde y trouve son compte.

Dans le livre de Susan Griffin *Pornography and Silence,*

j'ai lu quelque chose sur la pornographie violente dans les *Snuff-movies*. J'ai trouvé cela épouvantable et je ne peux pas croire que cela puisse être aussi excitant que mes propres images et histoires. Les femmes que l'on voit dans les films porno commerciaux sont si inexpressives qu'elles me font le même effet que si elles devaient stimuler des gens venus d'une autre planète.

J'ai toujours admiré la sensibilité féminine et la tolérance ainsi que, surtout, la faculté d'écoute des femmes. De tout temps, j'ai eu l'impression que les hommes étaient incapables de s'intéresser vraiment aux autres mais qu'ils voulaient seulement les exploiter. »

Les relations entre femmes sont-elles meilleures ?

« Je connais des femmes qui sont comme des âmes sœurs. D'autres sont comme la plupart des hommes – froides, absentes et incapables de communiquer. Elles exploitent les gens et bafouent les sentiments des autres. Cela signifie-t-il qu'elles ont repris à leur compte les conceptions masculines selon lesquelles seul le pouvoir rend une relation intéressante ? Je crois que mes rapports avec les femmes sont beaucoup plus étroits et satisfaisants que ceux que j'entretenais avec les hommes, même si ces relations étaient très intenses et que nous les avions peut-être trop décortiquées. Nous les femmes, nous ne sommes peut-être pas encore parfaites mais nous sommes sans aucun doute sur le bon chemin. »

« On entend dire partout que deux femmes forment le couple idéal, que seuls les hommes apportent la zizanie et qu'ils n'y connaissent rien en amour. Mais les relations lesbiennes peuvent connaître exactement le même problème. Une des femmes est plus réservée, l'autre met son indépendance au-dessus de tout, etc. L'amour entre deux femmes n'est pas tout simplement synonyme du paradis sur terre. »

« Des luttes de pouvoir peuvent également survenir entre deux femmes. L'une possède plus d'argent que l'autre et donne à cette dernière le sentiment d'avoir moins de valeur étant donné qu'elle est dépendante financièrement. Concernant la dépendance affective, il y a sans cesse un va-et-vient : si je suis trop dépendante d'elle, elle a le sentiment que je la harcèle ! Est-elle trop dépendante de moi, et c'est moi qui me sens harcelée ! Mais si elle est indépendante, cela me rend folle. »

« Nous trouvons difficile de nous laisser de l'espace, d'agir en tant qu'individus tout en restant un couple. »

L'attitude désapprobatrice de la société est un grand poids pour les lesbiennes.

« Ça me dérange que nous, les lesbiennes, nous ne puissions pas nous montrer tendres les unes envers les autres en public – par exemple que nous ne puissions pas nous embrasser quand je rentre à la maison et qu'il y a quelqu'un qui n'est pas homosexuel. »

« L'attitude négative à l'encontre des lesbiennes est ce qu'il y a de pire. Il est pénible de devoir toujours penser que tout le monde se trompe au sujet d'un côté extrêmement important de ma personnalité. Cela me ferait un plaisir fou si toutes ces légendes au sujet de l'amour saphique disparaissaient de la surface de la terre. Je suis un individu normal, sain, séduisant, du moins me le dit-on. Je désire, comme tout un chacun, avoir une relation saine, tendre, et je veux échapper aux nombreux problèmes que j'observe dans les relations hétérosexuelles, même celles qui marchent. »

L'amour entre deux femmes est-il plus équilibré d'un point de vue affectif ? Les femmes ont-elles en compagnie d'autres femmes plus confiance en elles, moins peur ? Nombre d'entre elles disent qu'elles sont satisfaites de la façon dont elles sont aimées, mais d'autres expriment des sentiments d'incertitude et de peur.

« Je me demande sans cesse si elle m'aime vraiment ou si c'est moi qui l'aime le plus. Ce sentiment me dérange, car ma vision paranoïaque de l'avenir influe sur le présent. »

« J'ai l'impression d'avoir davantage besoin d'elle qu'inversement. Cela me fait douter de moi. Je veux qu'elle ait plus besoin de moi. »

« Le problème résidait en partie dans le fait que j'avais l'impression d'avoir davantage besoin d'elle qu'inversement. Je projetais mon manque d'assurance et mes désirs sur ma partenaire. J'attendais d'elle qu'elle décide à ma place. C'est la raison pour laquelle nous nous sommes séparées. »

Cette chère communication ! Pourquoi marche-t-elle si mal quand on est amoureux ? Devrait-on exprimer tout haut ce qu'on ressent ?

« Tout d'abord, elle ne ressentait pas la même chose pour moi que moi à son égard. Quand elle me l'a avoué, je me suis mise à la détester. J'étais furieuse. J'ai fait comme si je l'aimais moins que c'était effectivement le cas pour voir comment elle réagirait. Ça a marché. Quand je lui tournais le dos, elle me courait après. Je ne lui dis jamais à quel point j'ai besoin d'elle et la désire parce que je ne veux pas qu'elle se sente sous pression. Je suis très attachée à elle, mais elle n'a pas à le savoir. »

Qu'en est-il de la dépendance affective ? Qu'est-ce qui est préférable : être dépendante ou indépendante ?

« Je l'ai toujours soutenue dans sa dépendance envers moi. Elle voulait quelqu'un sur qui s'appuyer, qui sache lire les horaires des trains et les relevés de compte bancaire. Je ne lui ai jamais donné l'impression qu'elle pouvait le faire toute seule. Ça me faisait du bien car ma mère m'a seriné pendant des années que j'étais empotée, que je n'étais pas autonome mais une vraie gamine. »

On met en avant les dangers que ferait courir une trop grande dépendance, mais n'est-ce pas exagéré ? Cela fait plaisir à de nombreuses femmes de conforter les autres, le manque d'assurance est accepté, et nombreuses sont celles qui y réagissent avec plus de solidarité que les hommes.

Certaines femmes pensent qu'il est normal, dans une bonne relation, de s'accrocher à sa partenaire et d'avoir des exigences affectives :

« Je m'accroche à mon amante et suis dépendante d'elle affectivement et c'est réciproque – pourquoi devrait-il en être autrement ? Nous nous disons des dizaines de fois par jour à quel point nous nous estimons et nous aimons. Mais nous pouvons également agir indépendamment et fermement quand la situation l'exige. J'ai besoin d'être sans cesse confortée et je fais de même avec mon amante qui en a pareillement besoin. Chaque amante que j'ai eue souffrait de telles angoisses. J'aime les remettre sur pied et renforcer jour après jour leur confiance en notre relation, même si celle-ci dure depuis longtemps. »

« Cela me rendrait heureuse si ma partenaire était dépendante de moi affectivement. Quel que soit le degré du besoin qu'elle aurait de moi, je serais toujours là pour elle. Je n'ai jamais eu l'impression d'être étouffée par ma partenaire ou de lui appartenir. »

Lorsqu'une femme manque d'assurance ou ne se sent pas aimée, pourquoi faudrait-il coller à ses sentiments ces étiquettes négatives comme « incertitude » et « misère affective » ? Pourquoi ne pas considérer ces sentiments comme le moyen de construire un pont entre les êtres ? Les femmes se sentent responsables de l'équilibre psychique de leur compagne. Elles ne tiennent pas rigueur à leurs partenaires de cette responsabilité – contrairement aux hommes :

« Quand elle est en colère contre moi, je reste à ses côtés jusqu'à ce qu'elle m'ait expliqué ce qui a provoqué sa colère, car cela me blesse moins que de ne pas me sentir proche d'elle. Quand en son for intérieur elle me rejette, nous ne sommes pas proches l'une de l'autre. »

« Je trouve bien qu'elle me signale quand j'ai fait ou dit quelque chose qui l'a agacée ou déstabilisée – non pas pour lui donner des soucis, mais parce que sa franchise me donne la possibilité de changer de comportement ou de l'expliquer. Je désire qu'elle ait confiance en mon amour ! Malheureusement, je ne suis pas parfaite, c'est pourquoi je suis sûre de me prendre parfois trop au sérieux – et à ses dépens. Si elle ne me montrait pas qu'elle est déstabilisée, elle garderait sa colère pour elle et nous ne pourrions pas nous en débarrasser. Grâce à sa franchise, nous pouvons régler les problèmes sur-le-champ. Je lui suis très reconnaissante de me faire part de ses incertitudes. »

Les aventures

Les autres amies sont souvent au cœur des conflits sérieux qui éclatent entre des femmes.

« Le week-end dernier, nous avons eu une grande dispute. Après avoir été très proches l'une de l'autre deux jours durant – nous sommes restées à la maison à cause du mauvais temps –, elle a reçu le soir un appel. Elle y a répondu en ma présence et j'ai compris qu'il y avait un problème. La conversation terminée, je lui ai demandé qui c'était tout en ayant tout de suite honte d'avoir empiété sur son domaine privé. Elle m'a regardée mais n'a rien répondu. J'ai pensé qu'elle me raconterait tout dès que l'émission de télévision que nous étions en train de regarder serait finie, mais elle n'a rien dit. Cela m'a peinée, et je suis rentrée chez moi plus tôt que d'habitude.

Le lendemain soir, nous avons dîné ensemble sur son instigation. Elle voulait savoir pourquoi je lui battais froid et ce qui m'avait agacée. Je le lui ai dit. Elle m'a répondu qu'elle avait eu l'intention de me le raconter plus tard. L'appel venait d'une jeune femme qui l'avait draguée il y avait de cela cinq ou six semaines. Elle lui a dit qu'elle n'était pas libre, mais cette femme lui aurait maintes fois téléphoné, rendu visite à son travail et raconté que la liaison avec son amie ne marchait pas bien. Elle ne m'en avait rien dit, car elle savait que cela me mettrait en colère. Je trouve qu'elle n'a pas été franche. »

La plupart des femmes assurent qu'elles réussissent à parler de leurs difficultés avant qu'elles ne se transforment en véritables problèmes. Mais dans de rares cas, il arrive qu'on en vienne aux mains.

« Ma première amante m'a frappée juste avant que nous ne nous séparions. Elle était furieuse. Je l'ai laissée faire. Mais un jour, je l'ai envoyée contre un mur et elle a perdu connaissance. Après je me suis juré de ne plus jamais en venir aux mains. »

Ce ne sont pas les finances ni les tâches ménagères qui provoquent le plus de remous dans les relations lesbiennes. C'est l'infidélité. Les femmes homosexuelles ne savent pas mieux que les hétérosexuelles si elles doivent exiger la monogamie de leurs partenaires ou d'elles-mêmes.

« Pourrais-je être non monogame ? Ce sujet ne cesse de me préoccuper. Intellectuellement, je le conçois, mais mon cœur et ma fierté me jouent des tours. Je ne me sens pas assez sûre de moi pour dire que tout va pour le mieux dans le meilleur des mondes même quand elle couche avec d'autres femmes. J'aimerais vraiment être capable de me sentir bien ou pas trop mal dans une relation non monogame. Je crois que je préférerais savoir ce qui se passe. Avant, c'était le contraire, j'aurais préféré ne rien savoir du tout. Mais cela engendre tant de mensonges, tant de silences et finalement une méfiance sans bornes. »

« Je ne pourrais pas faire l'amour avec une autre femme alors que je vis avec elle. Il n'y a absolument aucune raison pour que ce soit autrement. Je veux qu'elle aussi soit monogame et je veux qu'elle me le dise si elle ne l'est pas. »

« On peut trouver ses amies merveilleuses mais faut-il pour autant coucher avec elles ? Il y a des femmes qui m'attirent fortement, mais avec qui je n'ai pas de relation intime. J'ai canalisé mes sentiments de façon différente. »

« Je ne vois absolument pas pourquoi je devrais avoir envie de coucher avec une autre femme. J'aime ma partenaire, je veux être avec elle, je désire être heureuse. J'ai fait l'amour avec d'autres femmes, mais pourquoi devrais-je le faire alors que j'ai une relation stable ? »

D'après mes enquêtes, un tiers des lesbiennes ont des relations sexuelles avec d'autres femmes alors qu'elles ont une liaison stable.

« J'ai eu une aventure avec une autre femme pendant que je vivais avec mon amante d'aujourd'hui. L'aventure est devenue trop sérieuse et je suis tombée amoureuse de ma nouvelle amante. J'étais très troublée et je me sentais coupable. Néanmoins, mes sentiments pour l'autre femme devenaient de plus en plus forts. Finalement, mon amie a compris ce qui se passait et nous avons été sur le point de nous séparer. Je ressens encore beaucoup d'émotions pour l'autre femme, mais nous n'avons plus de relations intimes. Je crois que c'était mieux ainsi, car je suis encore avec la femme que j'aime vraiment. »

« J'avais neuf ans de moins que ma partenaire, et j'avais le sentiment qu'il me fallait faire d'autres expériences. Ce n'était que des histoires de lit. Une fois par-ci par-là. »

« Je voulais savoir ce qui plaisait tant à mon amante, et peut-être aussi me venger. J'étais horriblement en colère, et elle était toujours par monts et par vaux. Lorsqu'un jour je me suis retrouvée dans une autre ville avec une autre femme, j'ai essayé. Cela m'a beaucoup plu. Alors j'ai recommencé, j'ai eu quelques aventures qui n'ont duré qu'une nuit. J'en suis à ma troisième liaison en parallèle avec ma relation stable. Les deux autres étaient sans grande importance, mais cette fois-ci cela pourrait devenir sérieux. »

Les lesbiennes ont statistiquement moins d'aventures que les hétérosexuelles mariées ou les femmes ayant un compagnon hétérosexuel. Les lesbiennes s'aperçoivent plus rapidement que les hétérosexuelles que leur partenaire a une aventure, la raison en est peut-être que les femmes sont très proches les unes des autres émotionnellement et qu'elles parlent de leur relation. Comment réagissent les femmes qui se rendent compte de l'infidélité de leur partenaire ?

« Ma dernière amante avait quarante-deux ans et deux enfants. Nous sommes restées deux ans ensemble. J'ai pris cette relation très au sérieux et je pensais qu'un jour nous vivrions ensemble. Je lui étais dévouée corps et âme et ce d'une façon qui m'étonnait moi-même. Pourtant elle ne me faisait pas confiance et elle a commencé à jouer avec moi pour voir jusqu'où elle pouvait aller. Je la laissais faire et lui trouvais des excuses, je me disais : "Elle se sent obligée de faire ça. C'est important que je l'autorise à exprimer ses besoins." Et elle ne s'en privait pas. Je lui tendais la main, et elle prenait le bras tout entier. Elle sortait avec des adolescentes pour me rendre jalouse. Mais je lui trouvais encore et toujours des excuses. Finalement, c'est devenu insupportable et nous nous sommes séparées à la suite d'une énorme dispute. »

« J'ai été affreusement jalouse quand elle m'a trompée. Elle n'arrêtait pas de me mentir à cause d'autres femmes. Je lisais son journal intime. Parfois, j'en venais à la haïr. Nous avions de violentes disputes au cours desquelles elle me frappait et je lui rendais la pareille. Elle m'a fait des choses que je n'aurais jamais cru être capable de subir, mais je revenais toujours vers elle. Maintenant, cela m'est indifférent. Je suis très indépendante. J'ai poursuivi notre relation alors que je n'aurais pas dû. Pourtant se séparer est une chose terrible. Aussi dure qu'un divorce. J'essaie de dépasser tout ça en ayant une activité sexuelle intense et beaucoup de plaisirs. Je me suis acharné à sauver cette relation pendant trois ans, mais à présent c'est terminé – même si c'est avec elle que j'ai pris le plus mon pied sexuellement parlant. En fait, je vois en secret une autre femme et elle n'est pas mal non plus au pieu. Mes relations sexuelles avec mon amie semblent elles aussi partir en quenouille. Cette nouvelle femme et moi, nous avons des rapports sexuels très charnels pendant lesquels nous parlons beaucoup. Elle ne mâche pas ses mots : elle me dit combien elle est excitée et comment je suis quand je le fais. C'est tout simplement fabuleux. »

« Nous étions en boîte, et j'étais jalouse car beaucoup de femmes adressaient la parole à mon amie. Le lendemain, j'ai eu honte de moi. Je voulais le lui expliquer. Mais avant que je ne commence, elle m'a dit : "Écoute, il faut que ce soir je voie du monde. Allons au cinéma ou n'importe où ailleurs." J'ai accepté.

Lorsque je suis rentrée du travail, elle était en train de se maquiller, et elle m'a accueillie en me disant : "On va dans un bar." Je lui ai répondu : "Dans un bar ? Je n'ai pas du tout envie d'aller dans un bar. Je dois te parler. J'aimerais être seule avec toi." Elle a insisté pour sortir ne serait-ce qu'un instant. Finalement, je me suis énervée et elle m'a dit : "Je veux tout simplement aller boire un verre. Je ne veux pas me borner à avoir des discussions sérieuses. Tu ne veux jamais t'amuser !"

Je n'étais pas assez forte pour la laisser partir seule.

Dans le bar, j'ai rencontré une fille que je connaissais et je me suis mise à discuter avec elle. Mon amie était contente, elle pouvait s'échapper et faire ce dont elle avait envie. Elle est restée sur le seuil du café à discuter. A un moment, elle a couru vers moi et m'a dit : "N'est-ce pas merveilleux ? Nous nous amusons follement, toi ici, et moi là, et pourtant nous sommes ensemble. Chacune peut faire de nouvelles connaissances tout en restant ensemble. Si ça n'est pas une relation mûre !"

Je lui ai seulement répondu : "Oui, oui", et j'ai ingurgité autant de rhum que je pouvais jusqu'à être complètement bourrée. Quelqu'un m'a chargée dans un taxi, quelqu'un m'a mise au lit. Je ne sais plus quand je suis rentrée à la maison.

Le lendemain matin, quand je me suis réveillée, j'ai été prise de panique : elle n'était pas là. Je me suis levée, j'ai cherché dans toute la maison, mais elle était introuvable. Puis elle m'a téléphoné et je lui ai demandé : "Étais-tu à la maison cette nuit ? As-tu dormi avec moi ?" Elle n'était vraiment pas contente et m'a dit : "Bien sûr que j'ai dormi avec toi."

Elle avait quitté la maison à sept heures, complètement défaite car pendant mon sommeil d'ivrogne je n'avais parlé que de responsabilité et d'argent, et que quelqu'un devait faire la lessive. Toute ma colère rentrée était sortie. J'ai été à côté de mes pompes pendant quatre jours. Puis, je suis allée voir ma psychothérapeute. Je ne voulais pas que ça se reproduise. Je veux réussir à contrôler ces choses-là. »

Certaines femmes âgées d'une vingtaine d'années affirment que les homosexuelles qu'elles connaissent échangent fréquemment leurs partenaires. Il faudrait chercher la raison dans le fait que, dans de nombreuses villes, elles forment un groupe réduit. On dit également qu'elles prennent beaucoup de drogues, dans certaines discothèques pour femmes, surtout de l'ecstasy :

« Les groupes ont vraiment tendance à être incestueux. Une femme couche avec l'ex-amante d'une autre puis avec celle-ci. Tout le monde sait tout sur tout le monde. Si nous avions des liaisons avec des inconnues, tout serait certainement plus facile – mais les communautés lesbiennes s'agglutinent, et il y en a si peu qu'on couche finalement avec l'amante de ses ex-amantes et des amies communes et, parfois, ça fait très mal. C'est toujours comme ça que ça se passe, et personne n'a de scrupules. Personne ne se pose de questions morales. »

« Je me suis sentie obligée de prendre de la cocaïne, car toutes les femmes présentes le faisaient. Je voulais donner l'impression d'être une femme d'expérience à celle qui me plaisait. Pas question qu'elle pense que ça me faisait peur ! Je voulais me faire remarquer, elle devait me trouver à son goût. Malheureusement, je me suis sentie mal et j'ai dû rentrer à la maison. »

Une autre fille assure que le milieu homosexuel est cynique, elle se demande si certaines femmes ne penseraient pas inconsciemment qu'une relation homosexuelle est immorale et mauvaise et si ce n'est pour cette raison qu'elles se comporteraient par conséquent de façon « immorale ».

« Quelques femmes pensent que nous sommes de toute façon immorales, pour la simple raison que nous sommes lesbiennes. En tant qu'homosexuelles, on a choisi une autre manière de vivre, pourquoi alors devrait-on suivre le code moral de la société ? En choisissant une amie, nous avons montré que nous nous moquions des normes et comportements de la société, pourquoi serions-nous donc monogames ?

Voilà ce que pensent beaucoup d'entre nous. Toutefois, celles qui en ont fait une idéologie sont justement celles qui pleurnichent le plus quand leur amie en baise une autre. D'abord, elles disent que tout va bien, que c'est comme ça que ça marche. Mais dès que ça les touche personnellement, l'affaire prend un autre tour. J'en ai fait l'expérience avec deux amies. D'abord, elles ont affirmé devant moi et mon amie : "Il n'y a rien de mal à avoir une aventure. Moi, j'en ai une, et mon amie a la sienne. Nous contrôlons la situation, de toute manière ce genre de choses est inévitable." Mais quand l'histoire a mal tourné, celle qui s'était donné des grands airs a complètement perdu la tête ! »

« Ma première amie était une femme mariée. J'avais vingt ans et je ne savais pas dans quoi je m'engageais. Je voulais qu'elle divorce, pas pour moi mais pour son bien à elle. Malheureusement, elle n'a pas emménagé chez moi, et c'était le pire calvaire (parmi de nombreux autres) de ma vie. »

Le couple, femme et femme

Un tiers des femmes interrogées lors du premier *Rapport Hite* sur la sexualité féminine se considèrent comme mariées.

« Nous sommes femme et femme. C'est d'abord elle qui a eu l'idée que nous nous marions. Elle m'a demandé ce que j'en pensais. Nous avons alors décidé de nous marier parce que nous étions très attachées l'une à l'autre. Cette décision n'a pas été difficile à prendre. Ça me fait plaisir d'être mariée. »

« J'ai été mariée avec une femme pendant de nombreuses années. Le mariage signifie la sécurité, et cela me plaît. Cela a été possible à partir du moment où je me suis avouée que je voulais rester avec elle pendant toute ma vie. J'ai abandonné la religion traditionnelle et ma famille quand je me suis mariée. Découvrir que le mariage est une imposture et qu'il ne dure pas a été un désastre. Je m'étais attendue à ce que cela soit comme on me l'avait raconté, mais c'était tout autre. »

Pour la plupart des femmes, construire une relation durable constitue la plus grosse difficulté – sans parler du fait qu'elles sont obligées de cacher leur liaison. Quelques-unes d'entre elles expliquent cette difficulté par le fait que l'union entre des femmes n'est pas institutionnalisée.

« Je me demande parfois si de nombreux problèmes que les relations lesbiennes rencontrent ne prennent pas leur source dans le fait que nous calquons nos relations sur celles des hétérosexuels, que nous nous efforçons de les façonner sur le modèle des relations que nous avons connues quand nous étions jeunes. Il est beaucoup plus difficile de vivre avec quelqu'un en s'opposant aux conventions. Le mariage traditionnel est une bonne chose, quand les rôles traditionnels plaisent à deux individus. Chacun sait comment ça marche et ce qu'on attend de lui. Cela procure sans doute un sentiment de sécurité.

Pour la plupart d'entre nous qui vivons une relation de couple, il n'y a pas de règles. Nous devons nous donner nos propres directives. Quand, dans les années soixante, tout le monde voulait abolir le mariage traditionnel, sous prétexte que la fidélité était petite-bourgeoise, cela a conduit à ce que personne ne s'est cru autorisé à protester contre certains types de comportement. Bien sûr, ça n'a pas marché. »

De nombreuses femmes ont peur de passer d'une relation à une autre leur vie durant. Même une relation qui dure depuis dix ans ne leur semble pas encore stable.

« En ce moment, je suis heureuse, mais je me demande combien de temps notre relation va durer. Je lui fais confiance et je sais que je peux compter sur elle. Je sens qu'elle m'aime ainsi que mon corps – mais que se passera-t-il quand l'amour sera mort ? »

« Je me demande ce qui se passe quand on vieillit. Est-ce normal que la passion s'émousse au bout d'un certain laps de temps ? Qu'est-ce qu'on fait alors ? Reste-t-on ensemble parce qu'on s'en sent le devoir, et on s'ennuie toute sa vie ? Ou alors passe-t-on d'une femme à une autre au bout de quelques années, selon où l'amour nous pousse ?

Je suis parfois assez déprimée. J'ai l'impression qu'aucune relation ne dure plus de trois ans. Vais-je essayer ma vie durant de vivre avec différentes femmes ? Ce n'est pas comme ça que j'avais imaginé vivre ma vie. Je trouve que les liaisons devraient durer plus longtemps. Peut-être que les relations vont et viennent, aussi intenses soient-elles au début. Je deviens cynique en vieillissant ! Quand je suis amoureuse, je suis pleine d'énergie et je suis ouverte au monde entier ! »

Si les femmes ont l'impression que les relations lesbiennes durent moins longtemps et sont moins stables que les hétérosexuelles, elles se trompent. Les statistiques prouvent qu'elles sont de même durée. La durée moyenne d'une relation lesbienne entre des femmes âgées de plus de vingt-neuf ans n'est pas très différente de celle des relations que les femmes hétérosexuelles ont au même âge.

Le taux de divorce dans les pays occidentaux est très élevé (environ 50 %). Statistiquement, le mariage dure en moyenne sept années seulement. Les relations lesbiennes durent en moyenne dix ans quand on inclut dans son calcul les expériences des femmes qui ont aujourd'hui plus de quarante ans.

Les femmes peuvent-elles se donner le même sentiment de sécurité que celui qu'on attend d'une relation hétérosexuelle ? Selon mes enquêtes, un tiers des femmes de plus de trente ans vivaient en couple depuis plus de dix ans ; 46 % des femmes âgées de plus de quarante ans connaissaient des relations de semblable durée. Plus les femmes étaient âgées et plus elles avaient le temps et l'expérience de construire des relations, plus celles-ci duraient longtemps. Plus de la moitié des couples se transforment après que leur vie sexuelle s'est terminée en une amitié qui dure toute la vie.

On peut donc tout à fait affirmer que ces relations sont durables. La majorité des lesbiennes restent leur vie entière liées à celle de leurs ex-amantes qui a joué un rôle essentiel dans leur vie.

« Avant, nous formions un couple, et nous vivons depuis dix ans ensemble, depuis que nous n'avons plus de relation sexuelle. En quelque sorte, nous sommes l'une pour l'autre une famille. »

« J'ai vécu neuf ans avec une femme. C'était la relation la plus importante de ma vie. Nous nous considérions comme mariées. Maintenant, nous sommes amies. Elle est douée, intelligente, imaginative et très sensible. Nous ne laissons pas passer une semaine sans nous appeler. Je dois une partie de ma personnalité à cette relation. J'aime cette femme. »

« La femme qui a été mon amante pendant trois ans est aujourd'hui mon associée et ma meilleure amie. Je la vois presque chaque jour, elle passe souvent la nuit chez moi. Nous nous sommes séparées parce que nous avions des désirs sexuels différents, que nos conditions physiques n'étaient pas les mêmes et que nos personnalités divergeaient. Nous le souhaitions toutes les deux et cela n'a donné aucune difficulté. Notre séparation équivalait plutôt à vivre autrement notre relation et à entrer dans une autre phase. Dès lors je l'aime davantage, et nous sommes de très bonnes amies. Nous étions tristes que notre vie de couple se termine, bien que nous nous sentions désormais plus libres. »

La relation lesbienne n'occupe évidemment pas la même place dans la société que le couple hétérosexuel, qui crée une famille et n'a pas besoin d'être heureux pour accéder à un certain statut. Chez les femmes que j'ai interrogées la sécurité affective et matérielle est la base sans laquelle la relation s'effrite. Gertrude Stein et Alice Toklas sont l'exemple type d'une relation durable.

« J'attends d'une relation qu'elle soit semblable au mariage. Quand j'observe les relations lesbiennes de mon entourage, je pense qu'il est impossible que mon rêve se réalise un jour. Vous savez ce que je veux dire, d'abord on se cherche une petite maison, etc.

Parfois, j'en ai marre de faire sans cesse des efforts pour que mes relations marchent bien. La question est de savoir si j'atteindrai un jour mon but. Il est tout à fait concevable qu'elle me quitte pour une femme plus jeune, plus intelligente, ou plus vieille – ou pour un homme !

Peut-être une relation avec une femme qui a des enfants et l'habitude de prendre des responsabilités m'apporterait-elle un plus grand sentiment de sécurité. Peut-être devrais-je me lier avec une femme plus âgée que moi et qui sait ce que prendre des responsabilités veut dire. Pendant des années, j'ai dû satisfaire à mes propres besoins et à ceux des autres membres de ma famille, bien que je n'aie pas encore trente ans. Le sens des responsabilités manquait aux femmes que j'ai rencontrées dans le milieu homosexuel. »

Une femme confie ses angoisses et sa frustration : « Il est difficile d'avoir des relations stables. Mes amies qui vivent en couple ont des aventures extraconjugales, même si cela n'aboutit pas à des ruptures. Quel doit donc être notre but ? Cherchons-nous la sécurité que procurent l'amour et l'affection, ou sommes-nous constamment en quête d'une passion ? Et quand celle-ci s'éteint, repart-on à la chasse d'une nouvelle partenaire ? Je ne sais pas. Mais si je veux tout investir dans une relation parce que je veux bâtir ma vie sur elle, il faut que ce soit une histoire stable avec quelqu'un qui partage avec moi les responsabilités, qui me suit et qui a en tout cas l'intention de construire une vie commune. »

Car l'angoisse qui affleure dans tous ces témoignages repose sur cette question sans réponse : se retrouve-t-on à la fin vieille et seule ? Une femme plus âgée juge positif le fait qu'elle ait eu différentes relations tout au long de sa vie :

« Presque personne ne reste sa vie entière avec le même individu. Cela fait trente ans que je suis lesbienne. J'ai eu des relations longues, mes amies également. Autrefois, on réfléchissait beaucoup à cette question. Nous pensions que les couples hétérosexuels duraient beaucoup plus longtemps que les homosexuels et que cela était dû naturellement au fait que les séparations nous posaient moins de problèmes parce que nous n'avions pas besoin de divorcer ni de nous coltiner tous les machins juridiques. De surcroît, la plupart d'entre nous n'avaient pas d'enfants. Contrairement à aujourd'hui, très peu d'entre nous avaient assez d'argent pour acheter un bien en commun. Pour les lesbiennes, tout était plus simple. Souvent les femmes mariées ne se séparaient pas de leur mari parce qu'elles ne travaillaient pas et qu'elles ne pouvaient donc pas se le permettre financièrement. Il y avait de nombreuses contraintes économiques qui ne touchaient pas les lesbiennes.

Les homosexuels hommes restent ensemble des années durant ; cela a toujours été le cas, car la monogamie n'a pour eux aucune importance. Ils restent ensemble quand ils s'entendent bien. Ils se donnent l'entière liberté de baiser avec qui ils veulent. Cela ne leur pose aucun problème. La relation est maintenue par le sentiment de rentrer à la maison, de retrouver le vieux camarade dont on a l'habitude et dont on partage la vie. Avec les femmes, ça ne marche pas affectivement. La psychologie féminine est complètement différente. »

Les lesbiennes vivent-elles difficilement les séparations ? Étant donné qu'une relation lesbienne n'est pas une forme de vie reconnue officiellement, la séparation représente-t-elle un traumatisme plus important ? Ce qui est sûr, c'est qu'il faut cacher aux yeux de son entourage la douleur qu'a occasionnée la séparation et donc lécher ses plaies toute seule. La séparation d'avec sa première amie peut avoir pour conséquence qu'une femme se pose de nouveau la question de savoir si elle veut rester lesbienne ou non.

« J'ai vécu le plus grand amour de ma vie à dix-huit ans. Notre séparation m'a mise dans tous mes états. Je me suis demandé si j'étais vraiment homosexuelle ou si elle était réellement la seule femme que j'aimerais jamais. Je me sentais vraiment très seule et isolée. Comme je n'avais pas de bonnes relations avec mes parents, je n'ai pas pu leur dire ce qui se passait. J'étais étudiante et c'est un miracle que j'aie réussi mes examens. Beaucoup de mes amies lesbiennes ont vécu la même chose que moi. La première rupture a été dévastatrice, car elle a soulevé de nouveau toutes les questions. Il a fallu prendre des décisions : était-ce un choix qui engageait toute ma vie ou était-ce seulement cette femme-là ? C'était très douloureux, mais décisif pour je puisse m'assumer. Jamais de ma vie je n'ai autant pleuré. »

« La femme avec qui je vivais et avec qui je voulais vivre de nombreuses années encore est dorénavant ma meilleure amie. Notre relation a pris fin il y a quelques années. Je suis encore un peu amoureuse d'elle. J'ai été heureuse au milieu de notre relation. Je n'étais certes plus amoureuse, mais j'avais compris que j'étais aimée et je ne craignais pas encore de perdre son amour. Lorsque je l'ai perdu, j'ai beaucoup souffert. Je m'endormais en pleurant parce que je n'avais pas réussi à ce qu'elle m'aime et me désire. Jamais je n'ai été aussi seule qu'à cette époque de ma vie. »

« Quand ma première histoire s'est terminée, cela a été horrible – même si je savais qu'elle ne pouvait pas me donner ce dont j'avais besoin. La douleur était épouvantable. J'ai mis longtemps à retrouver le sommeil sans que le téléviseur ne reste allumé – je n'arrêtais pas de pleurer, la douleur semblait ne pas vouloir cesser. Je n'ai jamais été mariée ni divorcée, mais la douleur est sans doute la même. Je n'avais pas de problème juridique à régler, ce qui aurait peut-être rendu cette histoire encore plus difficile. C'est souvent le cas dans de nombreux couples homosexuels car elles peuvent posséder une maison en commun. »

« Lorsque je l'ai quittée, j'ai pensé que ma vie était terminée. Deux années ont passé, mais cela me fait encore mal. Aujourd'hui encore tout n'est pas réglé entre nous. Nous sommes restées d'assez bonnes amies, nous nous voyons deux à trois fois par mois, mais nous évitons de parler du passé et de nous. Quand elle a besoin d'un soutien moral ou financier, je suis visiblement la première vers qui elle se tourne. Quand je l'ai quittée, j'ai travaillé encore plus, je me suis traitée de façon irresponsable et j'ai beaucoup bu. J'avais le sentiment que rien dans la vie ne durait ou n'était stable, et aujourd'hui je ne vois pas les choses autrement. »

Toutes les séparations ne sont certainement pas aussi douloureuses. Un jour ou l'autre de nombreuses femmes comprendront qu'une rupture ne signifie pas qu'elles ont raté leur vie.

« “On a rompu” est une expression abominable. On devrait l’interdire. Quand on aime vraiment, on construit quelque chose d’indéfectible. Cela me remplit de joie de savoir que les trois personnes (deux femmes et un homme) que j’ai véritablement aimées sont restées très proches de moi. J’ai le sentiment qu’ils sont mes vrais amis. Une des deux femmes ferait tout pour moi. Et le romantisme ne nous a pas quittés. C’est merveilleux. Il n’est pas question que nous passions notre vie ensemble. Il s’agit d’une grande affection et de respect. Les connaître m’a rendue plus riche et plus forte, et c’est réciproque. »

Comment faire pour que ça marche ?

« Je pense qu’une relation ne peut bien marcher que grâce à une seule méthode : les deux personnes doivent faire preuve d’un total engagement et être prêtes à affronter tous les problèmes. Nous essayons de ne pas oublier des petites phrases telles que : “Est-ce pour moi si important ?” et de nous souvenir que nous voulons rester aux côtés de notre partenaire quoi qu’il arrive. Ces choses-là étaient absentes du couple que j’ai formé pendant trente et un ans avec mon mari. J’ai maintenant l’impression d’être mariée avec mon amie. Nous avons une thérapeute vraiment admirable. Quand des problèmes surgissent nous allons ensemble chez elle. Et ça a l’air de bien marcher comme ça. »

Étant donné qu’il n’existe pas de mariage institutionnalisé pour les lesbiennes, les unions durables peuvent prendre toutes les formes possibles selon les individus. Mais le fait que la vie commune de deux lesbiennes ne soit pas institutionnalisée a aussi de bons côtés. Jetons un œil sur le côté pratique des relations qui fonctionnent. Les femmes se plaignent rarement des tâches ménagères. Elles disent même souvent que c'est très amusant de s'y adonner ensemble, que cela crée une complicité supplémentaire.

« Nous aimons toutes les deux faire la cuisine ; nous faisons les lits, la vaisselle et lavons la voiture ; nous plantons des fleurs, peignons et faisons du bricolage. J'ai plus d'imagination et elle a un meilleur sens pratique. »

« Après une longue journée passée assise à mon bureau, j'aime rentrer à la maison et m'occuper dans la cuisine ou passer l'aspirateur dans le salon. Ces activités me donnent l'impression de faire quelque chose d'utile en même temps que je me délasse et que je déconnecte. Elle aime faire la cuisine, alors c'est elle qui prépare les repas pendant que je fais le ménage, puis nous dînons toutes les deux ensemble. Je trouve que c'est merveilleux de vivre ainsi. »

« Celle qui se lève en dernier fait le lit. Elle s'occupe du jardin, et moi je fais le ménage dans la maison. Nous faisons la vaisselle ensemble, nous sortons les poubelles et nous faisons les gros travaux ensemble. C'est celle qui a le plus de linge sale qui commence à faire la lessive. Nous avons des comptes bancaires séparés et nous gardons les factures des frais que nous avons en commun. Cela marche comme sur des roulettes depuis cinq ans. »

« J'aime bien vivre avec elle. En revanche, je n'apprécie pas beaucoup qu'elle emprunte mes vêtements. Je suis beaucoup plus soigneuse qu'elle. Je n'ai pas envie d'emprunter les siens. Elle me dit qu'elle se trouve sexy et proche de moi quand elle porte mes vêtements. C'est possible, mais je veux garder mes habits pour moi toute seule. C'est comme ça. Mis à part ça, je n'ai pas à me plaindre. Nous faisons ensemble presque tout ce qu'il y a à faire dans la maison ; elle fait de merveilleuses compositions florales. L'un dans l'autre, notre vie est magnifique. »

L'argent non plus ne soulève pas de problème – même si en règle générale il y a une femme qui gagne plus que l'autre. D'après mon premier rapport sur la sexualité féminine et mes recherches pour mon livre *Les Femmes et l'Amour*, 21 % des femmes soutiennent financièrement leur partenaire.

« Chacune d'entre nous s'occupe de son propre budget, je suis responsable des actions communes. Nous consignons nos dépenses respectives, en général elles s'équilibrent à moins que j'habite plus longtemps chez elle ou inversement. Nous nous sommes aperçues que c'était plus simple que ce soit celle chez qui nous nous trouvions qui paye, puis un peu plus tard nous faisions nos calculs. Peut-être changerons-nous un jour ou l'autre de système si nous vivons vraiment ensemble. Je crois que nous y arriverons. »

« Je possède plus d'argent mais je lui en donne autant qu'elle désire, ce qui n'est jamais beaucoup. Nous poursuivons le même but question argent. Je suis prête à travailler dur pour nous assurer notre vie quotidienne à long terme. »

« Nous n'avons pas conclu de contrat financier. Nous travaillons toutes les deux et chacune paye pour soi. Je gagne plus qu'elle, c'est pourquoi je lui propose la plupart du temps de payer pour nos activités de loisir. »

« Elle verse une certaine somme pour les frais d'entretien mensuels. Je rembourse l'emprunt immobilier. Nous partageons les frais pour les courses. Pour moi, le plus important est que la communication entre nous fonctionne et que nous nous montrions compréhensives l'une envers l'autre. »

« Généralement, nous partageons les frais, mais j'ai soutenu mon amie pendant un an et payé toutes les factures. Dès qu'elle a gagné de l'argent, elle a remboursé sa quote-part. »

« C'est moi qui suis responsable du budget. Je paye le loyer et fais les courses. Je dois supporter la plus lourde part de charges pendant un certain laps de temps, jusqu'à ce qu'elle ait terminé ses études. Elle est encore étudiante et n'a pas beaucoup d'argent. »

« Nous ne faisons pas bourse commune. Elle m'aide quand mon budget est trop serré ou me donne des conseils pour que je m'en sorte mieux. »

« Nous partageons les frais de la vie courante. On divise par deux toutes les dépenses. Chacune d'entre nous verse une somme fixe sur le compte commun. Celui-ci paye le loyer, l'alimentation, le sport, les sorties au restaurant, le cinéma, l'essence et le téléphone. Nous travaillons toutes les deux. L'année dernière, j'ai gagné plus d'argent. L'année prochaine, nous gagnerons à peu près la même chose. C'est elle qui suit les comptes. Je ne sais pas toujours de quelle somme nous disposons. Dans mes deux histoires précédentes, nous avions adopté le même système. Je trouve que ça marche très bien comme ça. »

Bien sûr, la dépendance complète de l'une peut engendrer des problèmes.

« Elle paye le loyer, et moi, je fais les courses. Il n'y a rien à redire à cela. C'est seulement quand ça ne va plus trop bien sentimentalement que les choses se compliquent. L'argent influe sur une relation, c'est indubitable. Cela a sur moi un effet intimidant. »

Une femme dont l'amante dépendait d'elle financièrement se demande pourquoi elle s'est engagée dans cette relation :

« Pourquoi l'ai-je choisie alors que je savais pertinemment que cette relation ne serait pas stable ? A cette époque, j'avais besoin d'avoir une amie dépendante de moi, qui me serait reconnaissante pour tout ce que je ferais pour elle et qui pour cette raison resterait avec moi. Je voulais avoir quelqu'un qui m'aime, me désire et ait besoin de moi. Notamment d'un point de vue sexuel. C'est pourquoi je me suis lancée dans cette relation.

Cependant, à cette époque, je lui faisais toujours quelques remarques au sujet du fait qu'elle devrait gagner de l'argent ! Et effectivement, elle a fichu le camp et a trouvé un emploi formidable. Je n'aurais jamais cru qu'elle volerait si vite de ses propres ailes. Ça me rend malade. Nous pourrions avoir la plus belle relation du monde. De la même façon que je n'aimerais pas être sous la coupe de quelqu'un, elle ne voulait pas être sous la mienne. J'ai beaucoup de respect pour elle. Elle a dit : "Je me cherche un travail et je subviens toute seule à mes besoins." Mais elle ne s'est pas contentée de le dire, elle l'a fait ! Depuis, elle n'a pas arrêté de travailler et elle gagne bien sa vie. Je dois respecter ça, même si cela signifie qu'elle se détache de moi. »

L'idée selon laquelle les lesbiennes seraient pauvres, marginales et bizarres est complètement fausse. La plupart du temps, les deux femmes travaillent et disposent par conséquent d'un pouvoir d'achat non négligeable. Une femme décrit ainsi son cercle d'amies :

« Le point de rendez-vous officieux de la communauté lesbienne de la localité où je vis se trouve dans une station balnéaire des environs. Nombreuses sont celles qui y possèdent de grandes maisons voisines les unes des autres. Vous devriez les voir. Ma voisine s'est acheté un lit rond parce que sa nouvelle amante n'arrivait pas à décider de quel côté du lit elle voulait dormir... Mon autre voisine a dû faire agrandir son garage à cause de sa collection de voitures anciennes, une Rolls Royce des années cinquante, deux Cadillac dont un cabriolet. De nombreuses femmes ont une piscine dans leur jardin et un salon sur deux étages.

Les maisons sont entourées de jardins luxueusement aménagés. C'est merveilleux d'habiter là. Nous organisons des fêtes, il y en a généralement une chaque soir, si bien qu'on peut toujours voir ses amies. Génial. »

Une autre raconte :

« La télévision diffuse le cliché selon lequel les homosexuels et les lesbiennes n'auraient pas d'argent. Mais de nombreux gays et lesbiennes sont plutôt aisés. Les homosexuels hommes forment le groupe le plus riche de la population. A mon avis, les lesbiennes les suivent de peu. »

Le problème crucial reste les enfants. Comme toutes les femmes, les lesbiennes se sont efforcées de comprendre les blocages qu'elles rencontraient et ont adopté une position offensive face à la société. Certaines d'entre elles ne veulent pas d'enfants, mais la plupart désirent exprimer leur amour en élevant un enfant avec leur partenaire, partager avec elle la joie de vivre en compagnie d'un enfant. Elles sont confrontées à des problèmes d'images difficiles à résoudre, qu'elles aient déjà des enfants ou qu'elles veuillent en adopter. Doivent-elles, par exemple, leur dire qu'elles sont homosexuelles ?

Avouer la vérité aux enfants peut être plus difficile que de révéler sa situation à ses propres parents.

« J'aimerais être plus ouverte envers ma fille en ce qui concerne ma sexualité. Ma fille de vingt ans me comprend en un certain sens et me soutient, mais celle de dix-sept ans refuse de m'écouter. Il m'est seulement possible de parler avec mes deux filles de leurs émotions et de leurs réserves à l'encontre de l'hétérosexualité. Elles veulent bien parler avec moi de ce sujet, mais pas de ma sexualité présente. C'est très dommage. »

« Je ne voulais pas partager mon amante avec sa fille. La plupart des femmes ne l'avoueraient pas, mais c'est vraiment la raison de notre rupture. Cette relation a duré sept ans, mais je l'ai finalement quittée à cause de son enfant. Honnêtement, je ne me retrouvais pas dans cette situation de rivalité. Je n'aime pas partager. C'est certainement la raison pour laquelle je ne peux vivre que dans une relation monogame. Il n'y avait pas d'échappatoire. Une fille reste une fille. On ne peut pas s'en débarrasser, elle nous survit !

La fille ne savait pas que sa mère était lesbienne. Cela exerçait sur moi une terrible pression et je ne me sentais pas à la hauteur. Je me serais sentie autrement si la fille avait été au courant. Pendant les vacances que nous passions toutes ensemble, la situation était fausse. Mais je n'ai jamais exigé d'elle qu'elle le dise à sa fille. Cette dernière était trop jeune. Je ne crois pas que les enfants s'en remettent. J'ai vécu avec elle quand sa fille avait entre sept et quatorze ans.

Les enfants de cet âge se tournent beaucoup vers ceux du même âge. Ils veulent être comme les autres. Ils ne sont pas capables d'assumer une mère lesbienne. C'est trop inhabituel. Quand ils sont un peu plus âgés et qu'ils peuvent supporter d'être un peu différents des autres, ça va, mais pas entre sept et quatorze ans. Il leur faut aller du même pas que leurs camarades de classe.

Il existe naturellement des mères lesbiennes qui ne partagent pas cet avis. J'en connais quelques-unes qui ont dit à leurs enfants que pour rien au monde elles n'abandonneraient leur vie. On soulève un autre argument : les enfants sont élevés dans un monde factice et, un jour, ils vont s'apercevoir que la réalité est tout autre. Une famille heureuse resterait une famille heureuse même après avoir pris connaissance de la vérité et même si on est différent des autres.

Peut-être cela deviendra-t-il un jour plus simple pour les enfants. D'après les statistiques, environ la moitié des enfants vivent avec un seul parent, habituellement avec la mère. C'est pourquoi il n'y a pour ainsi dire plus de famille selon les normes.

Mon amante n'a jamais avoué à sa fille qu'elle était lesbienne. Elle n'a jamais parlé à sa fille de ses choix sexuels, bien que sa fille sache aujourd'hui, maintenant qu'elle est plus âgée, ce qui se passe. Elle est très intelligente. Pourtant, elles ne parlent jamais ouvertement de ce sujet. Visiblement, toutes deux se sentent mieux ainsi. Oui, sa fille est hétérosexuelle, elle a vingt-quatre ans et sort avec des hommes. »

Les relations entre femmes de plus de quarante ans

Les femmes de plus de quarante ans qui aiment une autre femme pour la première fois sont incroyablement nombreuses ! Mes enquêtes ont mis au jour une nouvelle tendance : de nombreuses femmes divorcées, entre quarante et cinquante ans, entament pour la première fois une relation intime avec une femme. Les statistiques démontrent que les relations lesbiennes commencent soit entre vingt et trente ans, soit après plus de quarante ans.

Une femme, qui a été mariée et qui a des enfants, raconte comment sa vie a changé :

« L'idée ne m'avait jamais traversé l'esprit que je pourrais un jour aimer une femme physiquement. J'ai eu tout au long de ma vie des amies avec une forte personnalité, courageuses et belles et dont l'amitié m'importait plus que tout. Nous pleurions et riions ensemble, nous avons traversé ensemble mariage et divorce, travaillé côte à côte. Pourtant, jamais je n'ai pensé qu'une femme pourrait m'attirer sexuellement, que je serais capable d'aimer une femme. Lors des discussions, je défendais la théorie selon laquelle les individus seraient bisexuels si la société ne les en empêchait pas, mais ce n'était que du bla-bla intellectuel.

Or, un nouveau monde s'est ouvert à moi. Je ne comprends pas pourquoi je n'ai pas découvert ça plus tôt. J'ai vécu longtemps dans la complète abstinence. Il y a quelques années, j'ai déménagé pour occuper un nouveau poste. Mon travail m'accaparait et je devais supporter une très forte pression, tant et si bien qu'il me restait peu de temps pour moi. Le soir, mes filles avaient besoin de moi. Les nombreuses réunions en soirée terminées, je préférais les retrouver plutôt que d'aller chasser les hommes. Il m'arrivait de me masturber, mais ça aussi avait perdu de son charme. La responsabilité au travail et envers mes enfants me coûtait chaque gramme de l'énergie dont je disposais. Je ne me posais pas la question de mes propres besoins.

Puis, un soir, il y a un an environ, j'étais dans mon lit et je me masturbais. A peine avais-je joui que j'éclatai en sanglots, tant je me sentais abandonnée et seule. J'avais l'impression de me noyer dans une mer de désirs – je voulais être caressée, qu'on m'enlace, m'embrasse. Je désirais que quelqu'un m'aime.

A peu près à la même époque, j'ai fait la connaissance, par l'intermédiaire d'amies lesbiennes, d'une femme particulière. Au début, je n'éprouvais pour elle que de l'amitié. Nous avions des intérêts communs, nous nous prêtions des disques. C'est devenu la plus belle relation de toute mon existence. Elle m'a littéralement redonné goût à la vie, m'a aidée à retourner dans le monde du bonheur, de l'intimité et de l'amour. Mes filles pensent que nous sommes seulement amies – je ne voudrais pas pour l'instant qu'elles en sachent plus. Je me considère encore comme une femme célibataire. Mon amante souhaite que nous vivions ensemble et que nous nous engagions sur du long terme, mais je ne veux pas renoncer à ma liberté. Je doute que je le fasse un jour.

J'aime beaucoup faire l'amour avec elle – c'est parfois chaleureux et attentionné, d'autres fois passionnel et bouleversant, ou encore amusant et ludique. Cela me plaît énormément. J'ai presque toujours un orgasme clitoridien. Avec mon mari, ça marchait de temps en temps. Je n'ai jamais su pourquoi je n'en avais pas chaque fois. Parfois, je n'y arrivais tout simplement pas. Avec mon amie, je jouis à tous les coups, comme quand je me masturbe. L'intensité de mes orgasmes est variable, je n'ai pas d'influence sur leur nombre et leur qualité. Il arrive que j'aie des orgasmes sans avoir fait beaucoup d'efforts pour y parvenir.

Après n'avoir couché qu'avec des hommes pendant vingt ans, parce que je ne connaissais rien d'autre, je peux dire, après six mois seulement passés avec une femme, que l'amour avec elle surpasse en tout ce que j'ai vécu avec les hommes. Ses désirs de caresses, d'enlacements et de baisers correspondent aux miens. Elle sait ce qui me fait plaisir. Avec elle, je sais beaucoup plus facilement quels sont ses désirs car je sais ce qu'elle ressent. Je suis beaucoup plus excitée par son clitoris et son vagin que par un pénis et des testicules. Je ressens beaucoup plus fortement ses orgasmes, car ils sont comme une "vibration synchronisée".

Où qu'elle me touche, cela m'excite. Les points les plus sensibles sont mes seins et les mamelons, et elle peut me mener ainsi au bord de l'orgasme. Mais il n'y a rien de mieux que le clitoris. Je serais même tentée de dire que la meilleure chose de notre vie sexuelle est la jouissance. »

Une femme de quarante-deux ans au moment de l'enquête décrit la magie de la nouvelle vie qu'elle partage avec une femme, son étonnement de l'avoir trouvée et la joie qu'elle ressent en compagnie de celle qu'elle aime.

« Je suis une femme d'âge moyen relativement normale, heureuse, en bonne santé et affectueuse, qui est probablement pour la première fois de sa vie profondément amoureuse – d'une femme de quarante-deux ans.

L'état amoureux apporte dans la vie une étincelle, une magie et tout procure davantage de plaisir. Peut-être tout le monde n'a-t-il pas le besoin d'éprouver ce sentiment, mais moi je ne voudrais pas en être privée. Nous allons très bien ensemble à tout point de vue – physiquement, affectivement et intellectuellement, et c'est primordial. Avant, avec mon mari et deux autres hommes, nous nous entendions sur un ou deux points seulement.

Nous vivons ensemble depuis deux ans, et nous nous connaissons depuis quatre ans par le travail. Nous avons fait du camping pendant un week-end et nous sommes tombées amoureuses. Mon fils (il a vingt-deux ans et vit avec son amie dans une autre ville) et le reste de ma famille ne savent pas à quel point notre relation est étroite. Ils pensent seulement que nous partageons un logement. Notre relation est empreinte de camaraderie et d'entière confiance, nous avons une vie sexuelle magnifique et nous faisons budget commun. Nous avons fait des économies pour acheter des choses plus importantes, nous vivons dans une des maisons et louons l'autre. Nous passons toutes nos vacances ensemble et rendons visite à nos amis et proches ensemble aussi.

J'ai pour la première fois l'impression que les deux partenaires s'aiment avec la même intensité. Avant, j'avais toujours le sentiment de donner plus que je ne recevais. Aujourd'hui, je me sens entièrement aimée et en sécurité, et il n'en va pas autrement pour elle. Nous nous réjouissons de tout faire ensemble. Tout est facile, rien ne coûte d'efforts – c'en est fini des luttes de pouvoir que j'ai connues lors de mon mariage. Aller au lit le soir ensemble, faire une sieste l'après-midi : voilà ce que nous préférons. Nous nous blottissons l'une contre l'autre, nous nous tenons enlacées et nous avons de tendres conversations. Nous nous aimons avec plus de douceur, plus de tendresse et plus lentement mais aussi plus profondément et plus fortement que je l'ai jamais vécu. Nous nous endormons tous les soirs dans les bras l'une de l'autre.

Nous avons passé récemment une journée particulièrement belle. Nous nous sommes levées tard (ce qui est rare), nous avons fait l'amour, nous adorons le faire le matin, nous avons préparé un succulent déjeuner puis nous avons mis nos plus beaux habits pour aller au mariage d'une de nos amies. Le service religieux était admirable. C'était comme si nous avions assisté à notre propre mariage – ou que nous réitérions notre promesse d'union. Puis nous nous sommes promenées le long de la plage pendant que le soleil se couchait.

Inutile de préciser combien ma vie sexuelle s'est transformée ces dernières années. J'ai eu une vie maritale relativement monogame, je suis sortie avec différents hommes après mon divorce et je vis dorénavant avec une femme avec qui je forme un couple très engagé. Je ressens beaucoup plus de plaisir à expérimenter et à jouer. Les moyens les plus faciles d'avoir des orgasmes sont l'amour oralo-génital, avec l'aide d'un vibromasseur, les caresses manuelles du clitoris par ma partenaire. J'ai eu mon premier orgasme à l'âge de vingt-huit ans après quatre ou cinq ans de mariage. J'avais été diverses fois sur le point d'en avoir un et y étais parvenue par des caresses manuelles. J'avais auparavant lu des choses au sujet de la masturbation et je savais ce qu'on devait ressentir. Adolescente, j'avais une vague idée de l'homosexualité, mais je ne m'étais jamais sentie attirée par une femme ou une jeune fille.

Après mon divorce, je suis sortie avec plusieurs hommes. Certains étaient des amants hors pair, mais pas prêts à avoir une liaison stable. Lorsque j'ai fait l'amour avec mon amie durant notre week-end de camping en mars, tout a radicalement changé. Elle avait déjà eu une relation avec une femme et était mieux préparée que moi.

Pendant mon mariage, l'amour était devenu une routine, ennuyeuse et prévisible. L'amour oral était un plaisir rare (une ou deux fois par an). Quand je suis sortie plus tard avec d'autres hommes, ils semblaient tous aimer qu'on les aime comme ça mais moins de le faire. Avec mon amie, c'est une façon naturelle de nous aimer, la pénétration ne me manque absolument pas.

La passion semble augmenter en même temps que la stabilité. Au fur et à mesure que notre engagement s'affermit, notre passion peut s'exprimer plus librement. J'aime pratiquer des cunnilingus. Quand on couche avec une femme, on a la chance incroyable de faire l'amour avec soi-même. J'ai toujours aimé l'odeur d'humus qu'exhale l'excitation sexuelle d'un ou d'une partenaire fraîchement douché(e), et j'espère que mon odeur lui plaît aussi.

Je n'aime pas les relations sadomaso ou d'autres formes de sexualité qui font souffrir. Elles sont pour moi l'expression de la plus grande immaturité. La pornographie restreint le pouvoir et le droit des femmes de disposer de leur propre corps. Quelqu'un avec qui je sortais m'a montré quelques magazines, j'ai été choquée et dégoûtée.

J'aime les stimulations anales – avec un doigt ou un petit pénis. Quand mon vagin était élargi après l'accouchement, avant la ligature de mes trompes, je trouvais les caresses anales très excitantes.

Je me suis mariée en 1961, parce que je détestais sortir avec les hommes et que je ne voulais pas rester à la maison ou vivre sur un campus universitaire. J'ai fait la connaissance d'un homme gentil et cultivé et j'ai pensé que c'était une bonne idée de me marier. Même si, plus tard, nous avons divorcé, j'avais fait le bon choix. Je n'ai plus jamais rencontré d'homme ayant les mêmes qualités.

Pendant la majeure partie de mon mariage, c'était moi qui gagnais le plus gros salaire. Ça posait un problème à mon mari qui se sentait humilié, bien que nous prenions nos décisions en commun. Nous vivions toujours à la limite de la ruine – nous dépensions trop et ne mettions aucun sou de côté.

Pendant mes vingt ans de mariage, j'ai eu deux aventures. Une fois avec le mari d'une amie – elle venait de se séparer de lui. Mais au lit, il n'était pas meilleur que mon mari et tout aussi incapable d'intimité.

Après plusieurs années d'essais, au cours desquelles j'ai suivi une thérapie, j'ai décidé de mettre fin à toute l'histoire. Cela n'a pas été facile. Il était furieux, mais n'avait pas envie d'aller voir un thérapeute seul ou avec moi. Finalement, il a choisi de partir. Je l'ai aidé à chercher un appartement, un ami lui a prêté sa camionnette et j'ai participé à son déménagement. Je me sentais véritablement soulagée. Mes nombreux amis m'ont aidée à traverser les temps difficiles, et j'ai investi plus de temps et d'énergie dans le travail qu'avant.

Je suis rondouillarde, j'ai un doctorat et j'ai plus de quarante ans. Peu d'hommes se sentaient attirés par moi. Et c'était encore plus difficile d'en trouver un qui m'inspirât du respect. J'ai toujours abordé les hommes de façon ouverte et directe – du moins ai-je essayé. Or, force m'était de constater que les hommes préféraient les femmes qui endossaient le rôle de la brave fille. Ils savent quelle attitude avoir avec elles. Quand une femme parle intelligemment, ils ne se sentent pas bien. Cela fait longtemps que je poursuis les idéaux et les objectifs féministes et j'ai souvent affaire aux hommes que ce soit dans la vie privée ou au travail.

J'admire la capacité qu'ont les femmes à tenir le coup – leur faculté à survivre aux durs moments et à créer pour elles et leurs enfants une vie joyeuse malgré le climat que font régner les hommes dans le domaine politique ou privé. Eleanor Roosevelt et Margaret Mead sont mes modèles. Parmi celles de ma génération, j'admire surtout Shirley McLaine et Gloria Steinem. Ces quatre femmes ont vraiment contribué à changer le monde.

A aucun moment de ma vie, je ne me suis sentie plus heureuse et plus proche qu'avec ma compagne de maintenant. C'est presque trop beau pour être vrai – c'est mieux que tous les rêves et les fantasmes que j'avais en pensant me marier avec un homme. C'est la première relation pour laquelle je ne suis pas obligée de me battre – tout marche à merveille depuis deux ans. Cette expérience ainsi que plusieurs longues amitiés me conduisent à préférer les femmes aux hommes. »

Quelques chiffres

Si la plupart des femmes semblent très heureuses, leur vie normale et stable, ce choix sexuel peut-il devenir la norme pour la majorité d'entre elles ? Le nombre de relations lesbiennes augmente, on peut l'expliquer de deux façons opposées : parce que la société s'écroule et que les valeurs disparaissent ou parce que la société s'améliore et que les individus peuvent s'engager dans de nouvelles voies amoureuses.

Quand j'ai mené mes premières enquêtes en 1972-1976 aux USA, 8 % des 3 000 femmes que j'avais interrogées disaient préférer avoir des rapports sexuels avec une femme, 9 % se proclamaient bisexuelles, elles étaient donc au total 17 % à avoir des expériences avec des femmes.

En 1948, Kinsey avait estimé que 12 à 13 % des femmes aux États-Unis avaient eu un rapport sexuel avec une personne du même sexe, allant jusqu'à l'orgasme. Aucune enquête de ce type n'a été menée à cette époque dans d'autres pays.

En 1900, il y avait probablement, d'après Lillian Fadermann, plus de femmes qui partageaient une intimité physique mais cela n'allait pas jusqu'à l'orgasme. Ce qui est pure spéculation, car comment savoir l'intensité de leur excitation à la lecture de leur correspondance. Nous ne savons pas combien de femmes étaient capables à l'époque de se masturber jusqu'à ce qu'elles jouissent. La plupart d'entre elles savaient sans doute comment cela se pratiquait, mais il est probable qu'elles étaient freinées par des raisons de moralité.

Dans les années quatre-vingt, mes enquêtes auprès d'un échantillon de 3 000 autres femmes américaines donnèrent un résultat de 10 à 15 % de bisexuelles – ou 20 %, si on prend les critères de Kinsey (toute femme ayant eu un seul rapport sexuel avec une femme). Des enquêtes effectuées dans d'autres pays fournissent des chiffres analogues, quelle que soit la tranche d'âge.

Pour les années quatre-vingt-dix, le nombre de lesbiennes âgées de moins de soixante ans pourrait se monter entre 24 et 27 %. Les chiffres concernent les pays industrialisés de l'Ouest. Il n'existe pas de statistiques mondiales puisque la peur de la discrimination empêche les femmes de parler franchement de ce sujet. De toute manière, il ne s'agit pas ici de jouer avec les chiffres ni de cataloguer les gens, mais de développer et de montrer les nouvelles formes que peuvent prendre la vie et ses projets.

Voici les statistiques dont nous disposons :

1940	12 à 13 %
1976	17 %
1987	20 %
1997	24 à 27 %

Les chiffres peuvent naturellement osciller. Les mots lesbien, homosexuel et hétérosexuel devraient être employés uniquement comme adjectifs et non comme substantifs. On décrit mal les êtres humains quand on les classe en tant qu'homosexuels ou hétérosexuels. Tout classement induit le danger d'enfermer, de nier que l'individu est en perpétuel devenir. La peur d'être persécutées empêche les lesbiennes et les bisexuelles d'être franches. Le Dr Richard Green, jadis membre du Kinsey Institute de l'université de l'Indiana, faisait remarquer que le nombre des couples de lesbiennes augmente aujourd'hui « en partie pour des raisons politiques ». Les relations homo-érotiques offriraient aux femmes la possibilité de « se libérer de l'incroyable dépendance aux hommes dans laquelle elles ont vécu pendant de si nombreuses années ».

Suis-je normale ?

Il suffit de jeter un regard objectif sur l'histoire pour savoir que l'amour lesbien n'est pas anormal. Qu'on pense seulement à l'Antiquité grecque (voir Foucault), aux dix-huitième et dix-neuvième siècles (voir Fadermann), à la préhistoire (voir M. Gimbutas) et au nombre considérable d'ouvrages écrits ces vingt dernières années dans lesquels des femmes racontent avec fierté la vie qu'elles mènent auprès de leurs semblables. Citons parmi d'autres *Méli-mélo* de Rita Mae Brown, *La Couleur pourpre* d'Alice Walker et les *Rapports Hite.*

La diabolisation de l'amour homosexuel a dans notre société une longue histoire. Le sexologue Alfred Kinsey a écrit dans les années cinquante :

« La condamnation générale de l'homosexualité dans notre espace culturel est due de toute évidence à une série de conditions historiques qui n'ont à l'origine pas grand-chose à voir avec la protection de l'individu ou le maintien de l'ordre social. Dans les livres de droit des

Hittites, des Chaldéens et des anciens Juifs, il n'existe pas de condamnation générale de tels actes quoique l'homosexualité fût punie quand elle survenait entre des individus appartenant à une classe sociale particulière ou à la même famille ou bien dans des circonstances spéciales, notamment quand il y avait un acte de violence. La condamnation de toutes les relations homosexuelles, qui perdure, prend sa source dans l'histoire juive et remonte au septième siècle avant Jésus-Christ, après leur retour de captivité de Babylone. Auparavant, les caresses oralo-génitales et les activités homosexuelles faisaient partie de l'exercice religieux, comme c'était le cas dans la culture de nombreux pays de cette partie de l'Asie et dans de nombreuses autres cultures. Pendant le mouvement nationaliste qui se développa à cette époque parmi le peuple juif, les Juifs ont tenté de se différencier de leurs voisins en abandonnant les coutumes qu'ils partageaient jadis avec eux. De nombreux interdits talmudiques viennent du fait que de tels comportements faisaient partie des coutumes cananéennes, chaldéennes et païennes qui, à l'origine, étaient considérées comme une forme d'idolâtrie et non de délit sexuel. Pendant le Moyen Age, l'homosexualité fut condamnée comme hérésie. La réforme des coutumes (des mœurs) devint vite une question morale et finalement une affaire du code pénal. »

Kinsey, qui était biologiste de formation, rapporte que d'autres mammifères ont régulièrement des activités sexuelles avec ceux du même sexe :

« La croyance selon laquelle les mammifères autres que les humains se limitent plus ou moins à avoir une activité hétérosexuelle est une déformation de la réalité, qui est plus le fruit d'une idéologie que celui d'observations spécifiques du comportement des mammifères. Les biologistes et les psychologues qui pensaient que la seule fonction naturelle de la sexualité était la reproduction ont purement et simplement ignoré l'existence d'activités sexuelles qui ne servent pas à la reproduction. Ils ont supposé que les réactions hétérosexuelles étaient une partie des capacités "instinctives" innées des animaux et que toutes les autres formes de comportement sexuel représentaient des "perversions" des instincts "normaux". Cependant, de telles interprétations entretiennent une mystification. Elles ne viennent pas de nos connaissances de la physiologie des réactions sexuelles et ne peuvent être conservées que si on suppose que la fonction sexuelle est d'une façon ou d'une autre séparée des processus physiologiques qui dirigent les autres fonctions de l'organisme. Même s'il est vrai que les contacts hétérosexuels sont chez les mammifères de loin beaucoup plus nombreux que les homosexuels, il serait difficile de prouver que cela dépend de la "normalité" des réactions hétérosexuelles et de l'"anormalité" des réactions homosexuelles. »

Kinsey précise que des comportements lesbiens ont été observés chez des animaux aussi différents que les souris, les hamsters, les cochons d'Inde, les lapins, les hérissons, les martres, les bovins, les antilopes, les chèvres, les chevaux, les cochons, les lions, les moutons, les singes et les chimpanzés. Et il ajoute : « Tous les paysans qui font de l'élevage savent (...) que les vaches montent régulièrement d'autres vaches. »

L'homosexualité et le désir d'avoir une intimité physique occasionnelle ou pour toute la vie avec un individu du même sexe font donc partie des comportements naturels. En revanche, croire que la sexualité sert uniquement à la reproduction relève d'un mode de pensée archaïque, entretenu par les religions monothéistes pour tenter de conserver leur pouvoir.

Une femme l'exprime ainsi : « C'est justement parce que l'amour homosexuel est normal que la société s'y oppose en prenant de telles mesures draconiennes. Il est barbare que notre ordre social se fonde sur la différence des sexes et sur leur fonction de reproduction. Il devrait être remplacé par un système qui accorderait à l'individu une plus large importance et qui accepterait que tout cela est générateur de vie. »

Pourtant la moitié des femmes de mon enquête de 1982-1987 gardaient le secret sur leurs relations :

« Je n'avais vraiment personne à qui parler. J'avais trente-six ans, mais mes parents n'avaient pas la moindre idée de ma vie. Ils auraient été horrifiés, ce n'était pas la peine de les mettre dans la confidence. Je puisais toujours du courage dans les expériences personnelles des femmes que je connaissais et qui vivaient depuis de longues années une relation lesbienne. »

Aujourd'hui, quinze ans plus tard, seules 25 % des femmes cachent leur homosexualité, dont 15 % à leur entourage, 30 % à leur travail et 38 % à leur famille.

L'homosexualité est-elle conditionnée biologiquement, est-elle un choix personnel ou même une décision politique ? Les femmes qui n'ont eu qu'une ou deux expériences homosexuelles ne les prennent généralement pas très au sérieux. Comme Kinsey l'a déjà démontré, il n'existe pas de groupes hétérosexuels et homosexuels immuables. L'orientation sexuelle peut changer au cours d'une vie. D'après ce que les femmes affirment, elles sont lesbiennes parce qu'elles veulent de toutes leurs forces soutenir les femmes.

« Le féminisme ? A chaque femme sa définition. Pour moi, il signifie en fin de compte que les relations fondamentales entre les êtres humains ne fonctionnent pas. Elles causent des dommages et rendent les individus malheureux. Il faut les changer. Je voudrais, grâce à ma façon de vivre, contribuer à ces transformations. »

Mais quand, en revanche, on choisit d'aimer une femme pour des raisons personnelles, est-on pour autant obligée de porter l'« uniforme des lesbiennes » ? Faire partie du milieu homosexuel ? Existe-t-il quelque chose comme un comportement lesbien politiquement correct ?

Malheureusement, il y a quelques groupes de lesbiennes qui excluent les femmes qui ne se soumettent pas à leur diktat vestimentaire ou qui défendent leurs propres opinions politiques. Cependant, il n'est pas du tout indispensable de se joindre à un tel groupe sous prétexte qu'on a une relation lesbienne. Parmi les femmes qui ont pris la parole dans mes enquêtes, nombreuses sont celles qui ne sont pas très politisées. Certaines pensent toutefois qu'il est important de prendre position face au système social et de le changer en s'habillant de façon « non féminine ». Mais, aujourd'hui, l'homosexualité prend des formes multiples et les femmes expérimentent tous les styles de vie.

« Quand j'ai commencé à sortir avec des femmes, je faisais attention à ne pas porter de vêtements trop féminins. Mais le maquillage me manquait ainsi que la façon de m'habiller. Depuis, je m'habille comme j'en ai envie, même quand je désire passer la soirée avec une femme. »

« J'aime les étoffes sensuelles, j'ai donc une apparence très féminine. Je trouve que les lesbiennes négligent l'esthétique. Qu'y a-t-il à redire aux cheveux longs et au parfum ? »

Pour certaines femmes la vraie solidarité passe par l'engagement homosexuel. Elles en font un combat politique, pour elles soutenir la cause des femmes et repenser leur place dans la société demande de s'investir physiquement dans ce type de relations.

« Je me demande si une femme qui ne tomberait pas une seule fois amoureuse d'une autre femme pourrait jamais en rencontrer une autre sans aucun préjugé ou si elle s'apercevrait un jour qu'elle aussi a des idées reçues. Car c'est seulement à partir du moment où on est avec une femme qu'on reconnaît ses propres angoisses et préjugés. »

L'amour lesbien devrait donc être un acte politique – mais comment ? Il n'y a guère de réponses à ces questions. Pourtant, on peut être certain que la position des femmes serait meilleure si celles-ci donnaient davantage la priorité aux femmes ou les reconnaissaient du moins à valeur égale.

Le féminisme s'est battu pour donner aux femmes la possibilité de choisir : les femmes peuvent être mères, rester à la maison ou travailler, se marier ou vivre seules, être hétérosexuelles ou homosexuelles, pratiquer une interruption volontaire de grossesse ou utiliser des moyens contraceptifs. Plus le pluralisme est important, mieux la société se porte. Elle se fossilise quand les comportements sont dictés par la contrainte. Suivez ce que vous disent votre cœur et vos conceptions morales. Analysez vos sentiments de rejet et vos attirances profondes. Vous pouvez grâce à votre comportement enrichir la société et l'aider à être plus ouverte à l'autre.

VII

La tendresse : une nouvelle manière de vivre

Les êtres humains ont besoin de chaleur, d'affection et de contacts physiques. Des études ont démontré que les nourrissons mouraient quand ils n'étaient pas pris régulièrement dans les bras. Les adultes ont eux aussi besoin de contact charnel. Dans notre société, le besoin de proximité physique que les adultes éprouvent est soi-disant du ressort des rapports sexuels. Il suffit que des adultes se touchent un peu plus longtemps que de coutume pour que cela soit considéré comme sexuel. Un contact physique tendre qui dure plus d'une ou deux minutes engendre un sentiment de malaise, à moins que la situation ne soit ouvertement sexuelle. C'est pourquoi certaines femmes aiment être entourées de jeunes enfants, car elles peuvent satisfaire avec eux leur besoin d'intimité physique non sexuelle et de chaleur.

Depuis quelques années, une nouvelle forme d'amitié commence à se dessiner, au sein de laquelle les contacts charnels pleins de tendresse – expressément non sexuels – jouent un rôle croissant. Les femmes s'enlacent, s'embrassent sur la bouche, partagent le même lit (sans relation sexuelle), entreprennent beaucoup de choses ensemble et connaissent les joies de la vie commune, telles que prendre un bain ensemble, aménager un nouvel intérieur ou faire des projets d'avenir. La composante sexuelle ne joue aucun rôle dans ce genre de relations, mais le lien peut néanmoins être très étroit.

Toutefois, il est impossible à la plupart des femmes de s'avouer qu'elles désirent une relation amicale de cet ordre. Elles se sentent encore moins capables de l'exprimer. L'absence de proximité physique est l'obstacle majeur empêchant que les relations amicales entre femmes soient longues et étroites et, plus généralement, que la solidarité féminine s'épanouisse.

Pourquoi considère-t-on le contact corporel seulement sous son aspect sexuel ? Embrasser passionnément quelqu'un sur la bouche passe pour être le signal de départ d'une relation sexuelle qui aura lieu à plus ou moins brève échéance. Un contact des lèvres qui dure plus d'un instant est « interdit ». Ce tabou de l'attouchement est concomitant à l'apparition du patriarcat. Les hommes léguaient leurs biens à leurs enfants légitimes. Il leur fallait donc contrôler la sexualité féminine pour s'assurer qu'ils étaient bien le père des enfants.

Les femmes pourraient être plus heureuses si elles avaient davantage de contacts physiques avec leurs meilleures amies. Cela ne veut pas dire qu'il faille s'adonner aux contacts charnels pour suivre la mode. Mais les femmes devraient avoir le droit de montrer leur tendresse, de s'abandonner davantage avec les personnes qu'elles aiment.

Les femmes ont été éduquées pour ne recevoir de l'affection physique que des hommes. On leur a inculqué de n'attendre de la tendresse charnelle que de la part des hommes. Prendre une autre femme dans ses bras est suspect. Et pourtant, de nombreuses femmes ont des liens émotionnels plus étroits avec leurs semblables qu'avec les hommes qu'elles aiment.

Peut-être les femmes satisferaient-elles leur besoin d'intimité physique avec des femmes si elles ne craignaient pas tant le regard des hommes et d'être taxées de lesbiennes. Aux seizième, dix-septième et dix-huitième siècles, les femmes qui avaient un tel comportement étaient qualifiées de sorcières, puis châtiées de façon épouvantable : des millions d'entre elles périrent, la plupart sur le bûcher. C'est ainsi qu'on enseignait aux femmes à se conformer à l'ordre social régnant. Entre-temps, les femmes ont si bien intégré les normes de la société qu'elles craignent toutes celles qui s'opposent à l'ordre social.

Mais au-delà de leur peur à déroger aux normes patriarcales, il y a une raison plus souterraine : elles ne peuvent pas être sûres de l'amour et du soutien des autres femmes. Certes, elles parlent avec enthousiasme de la chaleur et de la prévenance de leurs amies, mais elles savent aussi que l'amitié ne dépasse pas une certaine limite et qu'il arrivera un jour où celle-ci prendra fin. Cela est surtout valable pour les femmes célibataires. La majorité d'entre elles craignent que leur meilleure amie ne les quitte pour un homme – même pour un homme qui ne les rend pas spécialement heureuses. Cela pèse sur la relation comme un châtiment. Cette attitude a deux causes : d'une part, notre culture se focalise sur les hommes. C'est pourquoi une relation avec un homme est *de facto* plus importante. D'autre part, l'amitié féminine occulte la composante physique. La plupart du temps, l'intimité physique manque entre les femmes – et il ne s'agit pas d'orgasmes, les femmes peuvent se les offrir toutes seules, comme elles le soulignent abondamment.

La société les oblige à faire un choix d'une extrême difficulté. Soit elles restent « seules » et mènent leur vie en compagnie d'une amie, un style de vie qui ne sera pas accepté par la société et qui ne leur procurera pas non plus de satisfaction physique, ou alors elles se lient avec un homme qui essaiera peut-être de les tenir sous leur coupe, mais qui répondra à leur sensualité et leur apportera un meilleur statut social et financier. Eu égard à ces considérations, il est logique qu'une femme choisisse un homme.

Sommées de choisir entre une bonne relation sans amour charnel et une relation difficile avec, la plupart des femmes optent pour la deuxième proposition puisque la société l'accepte et qu'elle fait partie d'un projet conforme aux normes.

Mais les relations changent. Aujourd'hui, de nombreuses femmes parlent beaucoup plus librement de leurs relations entre elles.

Nos inhibitions à avouer nos liens et nos désirs viennent du conditionnement que nous a fait subir à nous les femmes la peur du corps féminin. Il y a là un blocage très profond.

Derrière la peur légitime du pouvoir masculin se cache celle que nous avons les unes des autres. Si nous ne nous serrons pas les coudes, c'est à cause du tabou corporel que nos mères nous ont légué. Voilà la véritable raison. Cela nous a rendues si peu sûres de nous que nos relations en sont assombries. Le premier chapitre de ce livre ainsi que celui traitant de la famille dans le *Rapport Hite* répondent à la question de savoir si le comportement maternel est normal. Il est montré comment nos mères nous apprennent à nous sentir inhibées face à d'autres femmes.

Nous devons définir un nouveau style de vie, lequel satisferait davantage nos besoins. Les temps sont révolus où par le terme de physique on entendait exclusivement une relation sexuelle. L'expression relation sexuelle ne concerne que l'acte de procréation. Il y a des attouchements très personnels, tendres, dormir dans le même lit, se prendre par la main, se caresser la joue, dont nous avons été sevrées depuis la petite enfance, élevées dans l'idée qu'il fallait se garder pour l'homme et que tout désir sensuel autre était condamnable. On admettait, et on admet toujours, les câlins prodigués aux jeunes enfants, on reconnaît leur importance pour le développement psychique des chers bambins. On peut donc s'étonner, dans nos sociétés qui se disent libérées, que le moindre attouchement qui ne soit pas un signal érotique soit jugé comme suspect.

De plus en plus de femmes, du reste, expriment leur inclination physique réciproque. Des amies dorment et vivent ensemble. Leur relation n'est pas sexuelle, toutefois les deux femmes mènent de toute évidence une vie plus intime que dans une cohabitation traditionnelle :

« Je rends parfois visite à mon amie d'enfance. Elle habite maintenant dans une autre ville. Quand je passe les nuits chez elle, nous dormons dans le même lit. Nous sommes toutes deux célibataires. Je me blottis contre elle et la serre dans mes bras. Je ne le raconte à personne, elle non plus, et nous n'en parlons pas. Les gens nous prendraient pour des filles pas normales. »

« Une fois, j'ai embrassé ma meilleure amie et j'ai touché ses seins. Elle était très triste à cause d'un homme. Elle pleurait parce que personne ne l'aimait et qu'elle avait toujours des problèmes d'amour. Elle a seulement vingt-huit ans mais a déjà peur de ne jamais réussir à avoir d'enfant ni à vivre heureuse avec un homme. Je l'ai prise spontanément dans les bras : elle ne devrait pas avoir une image si négative d'elle-même. Je la caressais et la cajolais comme le ferait un amant ou une mère, ou plutôt les deux à la fois. C'était la première fois que j'embrassais mon amie, que je la tenais dans mes bras et que je la caressais. Je me suis demandé comment cela serait si nous vivions ensemble, à quoi ressemblerait notre vie. A cette époque, cela a paru aider mon amie. Elle s'est calmée et a souri. Ensuite, nous avons dîné ensemble, et elle est rentrée chez elle. Nous sommes toujours de très bonnes amies, mais entre-temps je me suis mariée. »

C'est dans la proximité physique que s'exprime une nouvelle forme de relation à mi-chemin entre l'amour et l'amitié. Il est tout à fait concevable que les femmes se manifestent leur affection en allant au-delà de la bise affectueuse et de l'accolade aux occasions importantes telles que les anniversaires et les salutations. Une nouvelle forme de vie commune pourrait naître de ces relations, qui serait aussi fantastique qu'une vie de couple. Surtout quand on sait qu'une femme sur deux vit seule, après le divorce, et qu'elle rêve pourtant d'une vie à deux, même s'il s'agit non pas d'un lien sexuel mais de deux âmes profondément unies.

Les possibilités sont multiples. La plus évidente concerne le cas de deux femmes vivant ensemble et ayant des enfants. On peut envisager également l'adoption, aujourd'hui ouverte aux célibataires. Mais la partenaire n'aura pas forcément l'autorité parentale. On pourrait y remédier en prenant d'autres mesures (par exemple en la nommant tutrice pour le cas où la mère adoptive viendrait à faillir). Un enfant « à elles deux » pourrait être aussi celui né d'une fécondation *in vitro.* Pour souligner le fait que cet acte est le fruit d'une décision commune, l'ovule pourrait provenir d'une des deux femmes puis l'ovule fécondé serait implanté dans l'utérus de sa partenaire qui porterait alors l'enfant. Au cas où elles désireraient avoir d'autres enfants, on emploierait ce même procédé mais en inversant les rôles. Les découvertes scientifiques sont telles aujourd'hui que nous pouvons dorénavant envisager ce qui relevait il y a peu de l'hypothèse la plus folle. Ce qui nous intéresse ici c'est la perspective donnée aux femmes d'inventer de nouvelles relations pour elles et leurs enfants.

Il se peut que notre société considère le concept d'« union amicale » avec enfants communs comme reposant sur de fausses bases, car ne formant pas une « vraie » famille. Mais aucune étude de ce nom n'a démontré que les enfants élevés sans père aient plus de problèmes que ceux vivant au sein de familles « complètes ». En revanche, il a été prouvé que d'autres critères de traumatisme sont déterminants tels que les disputes perpétuelles, la violence, l'alcoolisme et autres dépendances, le manque de soins et les problèmes économiques graves – et non l'absence de figure paternelle. Comment sinon des millions de parents isolés auraient-ils pu élever leurs enfants, des générations entières de tantes s'occuper de leurs neveux et nièces sans que tous ces adolescents ne finissent dans le ruisseau ? Ce dont les enfants ont besoin, c'est d'un foyer stable et affectueux, et deux femmes sont tout à fait capables d'en offrir un.

Comparativement au dix-neuvième siècle, la composante charnelle d'une amitié joue au vingtième siècle un rôle moindre, non seulement entre les femmes, mais aussi entre les hommes.

La moitié de la population dans les pays industrialisés vit seule. On se demande comment elle réussit à satisfaire son besoin de tendresse physique car la société ne l'accepte qu'entre les couples mariés et les amants.

Comment en est-on arrivé là ? Pourquoi la personne que nous caressons plus d'une minute est-elle automatiquement un amant ou une maîtresse ? Le fait que la sensualité n'ait pas de valeur positive est un des plus gros problèmes qui se posent à la société de notre temps.

Notre définition de l'acte sexuel est trop limitée pour garantir une vie sensuelle vraiment satisfaisante. « Pourquoi l'acte sexuel est-il seulement défini par le coït ou l'orgasme ? » était une des questions posées dans le *Rapport Hite.* L'acte sexuel moyen se déroule selon un schéma prédéfini : préliminaires, pénétration, orgasme de l'homme – un programme procréatif. C'est en suivant ce même modèle que marchent presque tous les films commerciaux ou les films vidéo montrant des scènes érotiques. Les femmes affirment que c'est ce que les hommes attendent de l'acte sexuel. Il serait beaucoup plus satisfaisant de redéfinir l'acte sexuel pour les femmes *et* pour les hommes, si on veut qu'il soit un acte personnel permettant aux individus de s'exprimer – un vaste éventail d'émotions, de la caresse au baiser et à l'enlacement, qui conduit de mille façons mais seulement *parfois* à l'orgasme et seulement parfois à la pénétration (ou à tout autre jeu avec le pénis) et au coït.

Exprimer sa tendresse

A la lecture des lettres et des journaux intimes écrits au temps de la reine Victoria, on remarque que les femmes avaient autrefois un style beaucoup plus affectueux qu'aujourd'hui. Elles écrivaient des phrases telles que : « ma très chère, quand je suis auprès de toi, mon cœur chante » ou « ta chaleur rayonnait sur tout ». De semblables formulations émaillaient de nombreuses correspondances de femmes du dix-neuvième siècle. Il était courant, également, que les femmes se promènent bras dessus bras dessous ou en se tenant par la main. Personne ne trouvait cela bizarre, ce n'était rien d'autre que le signe d'un attachement. Il ne reste plus que les bises sur les joues que les femmes ont le droit de se donner quand elles se disent bonjour ou au revoir. Les amies devraient de nouveau être autorisées à exprimer leur affection physiquement sans que tout geste soit interprété comme prémices de l'acte sexuel.

On a vu pourtant avec quel romantisme certaines femmes décrivent le bonheur et la joie qu'elles éprouvent en compagnie de leur meilleure amie, combien elles se sentent comprises, comme si elles et leurs amies étaient liées par la même émotion. Mais rares sont celles qui l'expriment aussi clairement à leur amie.

Quand vous ressentez quelque chose de profond, qui vous lie intimement, que votre cœur fond, comment exprimez-vous donc cet attachement ? Les hommes ont une longue pratique de l'initiative dans le rapprochement amoureux. Pourquoi ne pas les imiter ? Une jeune femme raconte ce qu'elle aimerait tenter :

« Les hommes accostent les femmes à tout bout de champ. Je n'arrive plus à compter le nombre de fois où un homme m'a abordée. A peine un d'eux m'a-t-il dit que j'étais jolie qu'il essaie de m'embrasser. Et des fois les mecs sont tout sauf super. Je voudrais apprendre à penser comme un homme. Je veux adresser la parole à une femme et avoir l'impression d'avoir le droit, moi aussi, de l'embrasser, de caresser son visage, ses lèvres, ses seins et ses hanches – tout comme un homme, même si mes caresses ne conduisent pas à l'acte sexuel. C'est seulement quand j'aurai l'impression d'avoir le droit de les toucher – et quand j'en aurai le courage – que je saurai si j'ai vraiment envie de ces contacts. »

Ces réflexions m'ont donné à penser, jamais auparavant je n'avais étudié cette question sous cet angle. Avons-nous affaire ici à une nouvelle façon d'envisager la vie commune ou à une femme qui découvre ses penchants homosexuels ? Je crois qu'il n'y a aucune raison de classer un sentiment sous la rubrique de l'hétérosexualité ou de l'homosexualité. Pourquoi la pulsion charnelle d'une femme pour une autre serait-elle toujours de nature lesbienne ? Notre société est-elle à ce point développée qu'elle n'a pas besoin de connaître d'autres formes d'attachement ? Il est vrai qu'en un siècle les femmes ont franchi un abîme : maîtresses de leur sexualité, de leur procréation, droit à la pilule, à l'avortement, elles sont sorties de l'esclavage biologique. Leur nouveau statut a bouleversé l'équilibre existant qui tenait à la suprématie des hommes. Il est bien évident que cette révolution, dont on ne constate que les changements les plus superficiels, a profondément modifié les rapports humains, désorientant hommes et femmes et ouvrant le champ de relations jusque-là impensées. Les femmes en tout cas sont en train de se débarrasser de leur passivité. La Belle au bois dormant se réveille sans l'aide d'un Prince charmant et elle cherche un nouveau code amoureux.

Embrasser une amie

De nombreuses femmes sont troublées à l'idée de passer une nuit avec une amie : « Amy et moi, nous nous téléphonons tous les jours pendant des heures et nous

nous racontons comment les hommes que nous connaissons nous blessent ou bien ne sont pas comme nous aimerions qu'ils soient. Nous adorons être ensemble et passer notre temps à discuter. Nous nous faisons des compliments comme : "Tu es jolie aujourd'hui" ou : "Ta coiffure me plaît." Nous pourrions avoir une relation amoureuse, mais nous ne le voulons pas. Elle m'a dit : "Cela fait dix ans que j'ai des relations avec les hommes, ça suffit maintenant. A partir d'aujourd'hui, je veux une histoire stable avec des perspectives d'avenir." Que manque-t-il dans notre relation ? La tendresse physique et l'amour – pas de sexe. Qu'importe que nous soyons très amies, que nous soyons libérales et que nous nous aimions, dès qu'il est question de nous montrer tendres physiquement, c'est terminé. On dirait que ça ne marche pas. Nous devrions rejoindre la scène homosexuelle, vivre complètement différemment et nous chercher d'autres amis. »

Le faut-il vraiment ? Se toucher conduit-il nécessairement à l'acte sexuel ? Ne peut-on pas passer une nuit ensemble sans qu'il soit question de sexe tout en étant satisfait physiquement ? Est-ce impossible de vivre comme ça – de construire une vie résolument nouvelle ? Cette nouvelle forme de relation entre femmes ne porte pas de nom. L'appellerions-nous une amitié particulière ?

Nous n'avons pas encore exploré toutes les méthodes grâce auxquelles nous pourrions nous offrir de la tendresse physique. Voici dix propositions pour exprimer son affection à son amie :

– Allongez-vous sur le canapé et blottissez-vous l'une contre l'autre.

– Prenez un bain avec votre meilleure amie.

– Tenez-la fort dans vos bras.

– Dormez ensemble.
– Embrassez ses cheveux, son visage et ses mains.
– Brossez-vous mutuellement les cheveux.
– Essayez des vêtements ensemble et dites comment vous vous trouvez, faites des modifications, culotte comprise.
– Massez les pieds de votre amie, ou bien sa tête et ses épaules.
– Allongez-vous dans un lit l'une à côté de l'autre, et discutez.
– Fondez un groupe de femmes de votre quartier.

Une conversation :

« L'idée n'est pas inintéressante, mais je me sentirais mal à l'aise. J'aurais l'impression de trahir l'homme avec qui je vis. On devrait avoir des rapports sexuels avec une seule personne. S'embrasser ou s'enlacer équivaudrait à être infidèle.

– Même si ce n'était pas des relations génitales ?
– Vous voulez dire qu'on s'enlacerait sans s'exciter ?
– Oui, cela serait-il possible ?
– Non, enfin oui. »

De plus en plus de femmes prétendent qu'elles n'arrivent pas à trouver l'homme idéal, mais qu'elles se sentent en revanche heureuses avec leur amie ; pourquoi donc l'amie ne deviendrait-elle pas la compagne de leurs jours ?

Le problème réside en ceci : en dépit de tout l'amour et du bonheur, choisir son amie représente un trop grand tabou social. Ce genre de vie commune n'est pas aussi bien vu par la société que la vie qu'on partage avec un homme, et finalement tout le monde s'attend à ce que chacune des femmes trouve un homme et qu'elle se marie.

Une femme fait la proposition suivante : « Ma meilleure amie et moi nous accordons à merveille et nous nous sentons toujours très bien en compagnie l'une de l'autre. Elle a l'esprit ouvert, elle est sincère et tolérante et n'essaie pas de me changer. Elle me laisse être ce que je suis. Nous nous comprenons parfaitement. Notre amour nous donne beaucoup de force. Nous nous sommes souvent entraidées dans des situations difficiles.

Nous éprouvons toutes les deux une attirance sexuelle, mais nous avons choisi de ne pas avoir de relation sexuelle. Nous avons utilisé l'attirance physique que nous ressentons l'une pour l'autre pour nous rapprocher émotionnellement. Je l'aime et j'espère que nous resterons toujours proches. Nous avons déjà évoqué l'idée de partager notre vie. Pourquoi pour vivre ensemble devrions-nous être mariées ou coucher ensemble ? Je trouve que deux amies peuvent parfaitement se promettre de partager leur vie. »

L'interdiction d'avoir des contacts physiques a d'importantes répercussions. Cela n'empêche pas seulement les femmes d'être tendres, mais dresse également des barrières psychiques, renforce la distance et la méfiance, entraînant la susceptibilité, l'animosité, les disputes et finalement le cliché de la femme insatisfaite.

Autrement dit, l'interdiction de manifester ses sentiments rejaillit avec force sur notre psychisme. Cela ne veut pas dire que nous devrions sans cesse nous embrasser ou nous enlacer. Il est uniquement question du fait que le tabou qui nous interdit de nous toucher fait ombrage à la façon qu'ont les femmes de se comporter les unes avec les autres. Nous apprenons en quelque sorte à détourner le regard les unes des autres. Nous avons si bien intégré ce tabou que nous ne le remarquons même plus. Nous clamons certes que les femmes d'aujourd'hui ont le droit d'être lesbiennes, mais nous ne voyons pas plus loin.

Quand une impulsion naturelle est réprimée inconsciemment, des sentiments de culpabilité et de peur peuvent en être les conséquences. La répression engendre un sentiment à moitié conscient de rejet qui peut déclencher de la méfiance ou rejeter la personne pour qui on avait de prime abord éprouvé de l'attirance. C'est là un phénomène psychologique bien connu. Il se manifeste entre les femmes, amies et collègues, de façon imperceptible. Comme nous l'avons vu au premier chapitre, si la plupart des femmes ont l'impression de courir un vague danger quand elles sont trop gentilles ou trop proches, c'est parce que leur mère leur a légué cette peur pendant l'enfance et la puberté.

Nouveaux espaces de liberté

Qu'attendent les femmes d'aujourd'hui de leurs amies ? Autrefois, les femmes se soutenaient en se montrant mutuellement compréhensives. De nos jours, étant donné l'évolution économique et sociale, de moins en moins de femmes ont besoin d'un mari qui assurerait l'économie familiale. Et quand, par-dessus le marché, elles trouvent leur relation avec une femme plus satisfaisante sur le plan affectif, alors elles se demandent si elles ne seraient pas plus heureuses en passant plus de temps avec des femmes qu'avec les hommes.

Car si on peut, soi-disant, attendre davantage d'un homme que d'une femme – il est fort, on peut se fier à lui, il gagne plus d'argent et il le partage avec sa femme, on a des enfants ensemble dont il s'occupe en partie, etc., voilà à quoi ressemble le programme préfabriqué de la vie –, de nombreuses femmes pourtant se rendent compte que ce programme ne marche pas dès qu'elles veulent l'appliquer. Elles cherchent alors quelle est leur faute et se demandent si elles tomberont toujours sur le mauvais homme.

Si les relations féminines sont toutefois repoussées au deuxième rang – après le partenaire – cela a une raison : la merveilleuse intimité physique, dont nous avons tous besoin, chaleureuse et voluptueuse, en est exclue. Il n'existe pas d'alternative reconnue au rêve du couple et de la vie de famille. Et pourtant, de nombreux projets pourraient éclore. Les femmes ont déjà commencé à explorer ces nouvelles voies.

Est-il naïf de croire que l'amour puisse exister sans qu'il y ait de rapport sexuel ? Est-ce que des amies qui s'aiment doivent exprimer leurs sentiments physiquement ? Je ne veux pas du tout donner l'impression que toutes les femmes sont obligées d'avoir des relations sexuelles. Que signifie d'ailleurs avoir des relations sexuelles ? Un contact génital jusqu'à l'orgasme ? Une affection romantique qui conduit à une union charnelle ? Les êtres humains ont besoin de proximité physique et de chaleur, la pulsion sexuelle est plus ou moins forte selon les individus.

Il n'est pas obligatoire qu'une amitié soit encore plus intime, encore plus intense. Ce peut être une relation stable au sein de laquelle deux amies trouvent plaisir tout en satisfaisant ailleurs leurs besoins physiques. Mais par ailleurs, nous pouvons ne pas voir le bonheur qui frappe à notre porte à cause de tabous dépassés depuis belle lurette. C'est pourquoi je propose que nous ranimions une tradition sociale existant au dix-neuvième siècle et disparue au vingtième. Elle pourrait représenter une nouvelle façon de vivre ensemble et, de surcroît, contribuer au bien-être de la société.

Les femmes ne trouvant pas de relations satisfaisantes avec les hommes – comme de nombreuses études, les miennes comprises, l'ont démontré – ont le droit de créer pour elles de nouvelles formes de vie. D'ailleurs, toute société fonde son dynamisme sur la recherche d'enjeux nouveaux, sur l'inventivité, et souvent ce qui est pris pour folie ou chimère devient des décennies plus tard une réalité dont personne ne perçoit plus l'extravagance.

Pendant presque tout le vingtième siècle, les défenseurs d'une psychologie pseudo-freudienne ont affirmé que quelque chose clochait dans la psychologie des femmes, qu'elles n'avaient pas choisi le bon mari si elles n'avaient pas trouvé leur bonheur au sein de la famille traditionnelle, centrée sur la procréation. Les hommes ressentaient pareillement cette pression et tentaient d'y parer en endossant le rôle de héros de cinéma comme James Bond ou Rambo. Aujourd'hui, cette rétribution des rôles est déclarée nulle et non avenue. Peu de gens croient que les femmes sont trop exigeantes, ou les hommes trop immatures, mais l'idée s'implante plutôt que notre époque efface les frontières et que les individus ont une identité plus flottante.

Amitié et érotisme

Les émotions sexuelles sont mystérieuses – tantôt elles existent, tantôt pas. Niées ou exprimées, elles peuvent briser une amitié. Quand on n'est pas très certain de ses sentiments, tout peut basculer.

A quel point savez-vous reconnaître les subtils signaux que votre corps vous envoie ? Savez-vous si le bien-être que vous ressentez suite à une visite de votre amie renferme également des éléments sensuels ? Et si oui, devez-vous le raconter à votre amie ? Ou est-il seulement important que vous sachiez que votre corps est excité ? Il est normal d'avoir des émotions érotiques, il n'est pas nécessaire de s'y abandonner – ni de les craindre.

Il est surprenant que nous remarquions à peine ce que notre corps dit et que nous hésitions à l'écouter. Les hommes savent quand ils sont excités. Les situations d'excitation sont chez la femme plus subtiles.

Nous avons appris à ne pas prendre garde aux signaux que nous envoient nos sens quand nous sommes en présence de femmes. Nous avons appris à ne pas être la partie sexuelle active, c'est pourquoi il peut arriver que les signaux de notre corps nous échappent complètement, que nous ne remarquions pas notre excitation. En règle générale, nous interprétons le sentiment de bien-être comme l'expression du bonheur, et non de l'excitation, à moins que nous soyons en compagnie d'un homme.

Nous devrions mieux nous connaître ! Mais ce n'est pas pour cette raison qu'il faut nous abandonner à chaque émotion, il s'agit seulement de savoir ce que nous ressentons vraiment.

Deux sociologues de l'université de Washington, Pepper Schwartz et Philip Blumstein, ont très bien décrit le processus qui nous fait choisir plus ou moins inconsciemment le partenaire sexuel qui correspond à notre orientation sexuelle (et qui nous fait rejeter le « mauvais » sexe). Pour nommer ses sentiments et un état d'excitation physique pour lequel un être humain n'a pas d'explication immédiate, celui-ci emploie les termes dont il dispose. Plus il aura confiance en l'hétérosexualité ou plus il la désirera, plus il classera vraisemblablement des sentiments ambigus sous la rubrique de l'hétérosexualité. Celui qui se pense homosexuel interprétera ses sentiments comme étant homosexuels. Autrement dit : on est excité par une personne, on appelle cet état « être heureux », on se tourne alors vers un partenaire sexuel et on se sent tout à coup excité.

Les signes d'excitation comme je l'ai dit ne sont pas chez une femme aussi évidents que chez un homme. Une femme ressent une tension sexuelle dans ses parties génitales, a des sécrétions ou au moins devient humide, un homme a une érection. Lorsqu'une femme ressent de l'excitation sexuelle à un moment inapproprié, par exemple lors d'une conversation avec une femme, elle peut sans effort donner à cette excitation une autre étiquette. Au cours de mes recherches, les femmes utilisaient des expressions telles que « se sentir vivante », « ressentir un grand bonheur », « avoir envie de chanter » ou « se sentir profondément liée à quelqu'un ». Ce sont là des descriptions d'un merveilleux lyrisme pour dire les sentiments, en tout cas plus délicates qu'un simple « tu m'excites » réservé aux hommes.

Schwartz et Blumstein soulignent que les signaux d'ordre sexuel qu'une femme reçoit d'une femme sont plus subtils que ceux qu'émettent les hommes entre eux. Les femmes n'ont pas le signal de l'érection quand elles ressentent une excitation sexuelle. Mais quand elles veulent signifier à leur partenaire qu'elles la désirent, les femmes recourent à des regards appuyés, à une attention soutenue et à d'autres types de contacts afin de lui faire part de leur intention.

Ces signaux sont troublants, en particulier pour les femmes non lesbiennes. Elles s'attendent à de tels signaux de la part d'un homme, mais ils lui apparaissent inadéquats et incompréhensibles quand ils émanent d'une femme. C'est la raison pour laquelle ces signaux sont réinterprétés comme étant l'expression de l'amitié et d'une affection non sexuelle. Une femme peut s'effrayer, même quand elle désire inconsciemment qu'une autre femme émette des signaux sexuels. Ceux-ci seraient vraisemblablement plus clairs s'ils venaient d'un homme. Mais étant donné qu'ils sont envoyés par une personne qui jusqu'ici était considérée comme asexuée, la destinataire ne croit pas à ces signaux, se ferme à eux ou les analyse comme sans conséquences.

Les femmes ne sont pas habituées à ce que d'autres femmes leur fassent la cour ou qu'elles aient un rôle actif dans le choix du partenaire. Elles ne perçoivent que rarement les réactions érotiques de leurs semblables parce qu'elles ne pensent pas que leur excitation soit partagée et qu'il soit possible d'y répondre. Certaines femmes peuvent ne pas même reconnaître ou s'avouer que des allusions d'ordre sexuel puissent exister de la part d'une femme.

Toutes les femmes se sentent un jour ou l'autre sexuellement attirées jusqu'à un certain point par une autre femme – indépendamment du fait qu'elles ignorent cette émotion ou ne la prennent pas au sérieux. On peut dire avec certitude qu'il est normal de ressentir dans certaines situations des émotions érotiques. Presque tous les êtres vivants éprouvent de l'intérêt pour les deux sexes, cela semble être inné.

Il est possible qu'aucune tension sexuelle n'apparaisse entre deux femmes, soit parce qu'elles sont gênées, soit parce qu'elles n'ont pas d'expérience et ne savent pas ce qu'elles doivent faire ni même s'il y a quelque chose à faire. Au lieu d'explorer une situation à laquelle elles ne sont pas préparées, elles préfèrent se retirer. Pour Schwartz et Blumstein, cette réaction découle du rôle passif que la tradition destine à la femme. Les femmes auraient appris à réagir érotiquement à ceux qui les trouvent érotiques – c'est-à-dire à interpréter leur valeur et leur sexualité selon qu'elles attirent ou non les hommes. C'est la raison pour laquelle de nombreuses femmes ne découvrent leur sexualité qu'à partir du moment où les hommes la suggèrent. Cela paraît être valable jusqu'à un certain degré pour les deux sexes – un être est excité quand un autre commence à lui montrer un intérêt sexuel, c'est-à-dire à être actif et en donnant à l'autre l'impression d'être désirable. Évidemment, aucune relation ne peut naître si aucun des deux n'endosse le rôle actif ni n'éclaircit les signaux ambigus. Lorsque les deux personnes n'en sont pas capables, elles doivent conduire leur amitié d'une autre façon ou alors cela engendre des conflits et elles mettent fin à leur relation amicale. La sexualité connaît des formes diffuses dont nous devrions nous réjouir et trouver agrément. Nous n'en avons jusqu'ici qu'une infime idée, car notre société est obnubilée par la pénétration, et la voit comme le summum des rapports amoureux.

Connaissons-nous vraiment si peu nos sentiments ? Ou préférons-nous ne pas les explorer parce que nous craignons d'aborder un domaine inconnu ? Nous accepterions les sentiments romantiques mais pas leur côté charnel ? Demandons-nous en notre for intérieur quelle est l'odeur d'une femme, ce qu'elle attend, comment on peut la faire jouir, si c'est excitant ou exténuant.

Même si les femmes modernes sont plus ouvertes, elles ont encore bien des réserves à l'encontre de la sexualité féminine. La menstruation est encore quelque chose de secret. C'est pourquoi les spots publicitaires pour les tampons promettent que personne ne remarquera que vous avez vos règles et enfourchent le cheval de l'efficacité de leur produit. Aucun poème ni aucune chanson de rock ne chante les sécrétions couleur de nacre de la vulve. La beauté du sexe de la femme et ses couleurs ne font l'objet d'aucune louange. Seule son odeur fait l'objet des blagues les plus grossières.

Les vieilles idées sur les parties secrètes et humides ont encore de nos jours des répercussions sur nous, même si nous en sommes seulement à moitié conscientes. Nous affirmons, certes, que tout cela est de l'histoire ancienne, que nous sommes fières de notre corps et que nous avons fait d'énormes progrès depuis vingt ans. Pourtant notre rapport au corps d'une autre femme est encore empreint d'inhibition et de crainte.

Images de femmes

Beaucoup de femmes aiment les magazines de mode et les films dans lesquels les femmes jouent le rôle principal. Se sentent-elles attirées sexuellement par les femmes qu'elles y voient ? A quoi ressemble la relation existant entre l'observatrice et la femme qui figure dans la revue ou sur l'écran ?

Les femmes aiment regarder les photos des magazines, surtout quand des beautés prennent des poses séduisantes, sont auréolées d'une lumière merveilleuse au milieu d'un décor artistique. En règle générale, la femme est seule, sans hommes. Elle apparaît en star, elle règne sur toute la page. Elle est au centre.

Les femmes peuvent facilement s'identifier avec la solitude qui y est représentée, avec ce regard posé sur l'avenir (les mannequins regardent souvent vers l'horizon, ont un air rêveur). Il est agréable à la lectrice de ces magazines de pouvoir projeter ses désirs cachés dans un environnement particulièrement séduisant.

Les femmes apprécient également de regarder des films joués par des femmes intéressantes et érotiques. Pendant les années trente notamment, l'âge d'or du cinéma, les stars féminines représentaient des héroïnes pleines d'esprit, indépendantes et sympathiques. Rappelons-nous notamment Greta Garbo, Barbara Stanwyck, Carole Lombard, Claudette Colbert, Bette Davis, Katharine Hepburn, Vivian Leigh. En France, il y avait, entre autres, Michèle Morgan et Arletty, en Allemagne Zarah Leander. Les sex-symbols comme Mae West et Jean Harlow étaient également populaires. Ce n'est certainement pas un hasard si autrefois c'était surtout les femmes qui allaient au cinéma. A aucune autre époque il n'y eut autant de femmes scénaristes, metteurs en scène et de vedettes féminines dans les rôles principaux. Dans les années trente les femmes exerçaient une plus grande influence sur la production cinématographique qu'aujourd'hui. Les films qu'on tourne de nos jours sont destinés à un public masculin âgé de vingt à trente ans. Les jeunes hommes dépensent plus d'argent pour le cinéma que les jeunes femmes du même âge. Celles-ci réservent plus d'argent à l'achat de livres – 80 % des livres achetés le sont par des femmes.

Les années cinquante sonnèrent le glas des rôles féminins riches en facettes – et les femmes cinéphiles boudèrent le cinéma. La femme représentée dès lors dans les films était plutôt une caricature de la brave fille, Debbie Reynolds ou Doris Day en étaient des exemples typiques. Il y avait quelques rares « allumeuses » telles que Marilyn Monroe et Sophia Loren, mais elles faisaient exception. Aux États-Unis cette situation était l'une des conséquences de la censure qui sévit après la Seconde Guerre mondiale, quand la commission McCarthy mit sur la liste noire et poursuivit de nombreux scénaristes et acteurs, sous prétexte qu'ils auraient été communistes. Ils étaient en réalité trop progressistes. Les nouveaux scénaristes « purifièrent » les rôles féminins.

Hollywood ne s'est pas encore remis de cette évolution. Les « bad girls » comme celles de *Pretty Woman* ou des *Liaisons dangereuses* n'annulent pas le fait qu'on a transformé les femmes de façon triviale et simpliste en leur donnant des rôles de braves filles.

Quels que soient les rôles, les femmes aiment que des femmes sensuelles apparaissent à l'écran. Mais quand on leur pose la question, nombreuses sont celles qui nient apprécier les stars sexuellement attrayantes telles que Brigitte Bardot ou Madonna.

Marilyn Monroe, Madonna et Claudia Schiffer, Naomi Campbell et Sophia Loren sont des actrices et des top-models fantastiques, elles incarnent des femmes érotiques. Que ressentent les femmes à la vue de ces stars ? Pourquoi aiment-elles leurs films, leurs photos ? Prenons le cas de Marilyn Monroe, le sex-symbol, la belle femme innocente et damnée. Elle fit, à sa mort, l'objet d'un culte. On voit partout des posters et des T-shirts à son effigie, avec son visage souriant et son corps tout en courbes. Mais sa vie durant, on la traita plutôt de salope.

Une de mes amies – âgée de vingt-huit ans – fut ahurie quand elle vit un des premiers films de Marilyn Monroe. « Mais elle était grosse ! » s'exclama-t-elle. « Elle est sexy, c'est vrai, mais elle a l'air d'une mamma ! » Dans les films qui rencontrèrent le plus grand succès, elle joue toujours une femme indépendante, mais à la recherche d'un mari, comme dans *Certains l'aiment chaud*. Marilyn représentait dès les années cinquante la nouvelle femme indépendante. Pour qui jouait-elle – pour les hommes ou pour les femmes ?

Même si nous trouvons plaisir à la voir au cinéma, nous partons toujours du principe, inconsciemment et de façon tout à fait illogique, que sa manière de montrer son corps et de l'aimer n'est en aucune façon pour nous, que cela ne nous est en aucun cas destiné ; on ne voit pas en quoi Marilyn nous fait, à nous les femmes, un cadeau, et l'on pense que c'est réservé aux hommes. Summum de l'ironie : le corps des femmes n'est pas pour les femmes.

Nous sommes fascinées de voir comment Marilyn Monroe, Madonna, Naomi Campbell montrent leur corps sans honte ; et ce, à mon avis, pour deux raisons : premièrement, nous les trouvons belles et sensuelles, et cela nous plaît. Deuxièmement, nous nous demandons jusqu'à quand elles auront le droit de le faire, combien de temps elles échapperont au « châtiment ». Une vieille conviction hante toute la société : les femmes qui s'extériorisent, qui s'adonnent à leurs passions, qui se marient plusieurs fois, portent des vêtements provocants ou qui généralement font étalage de leur sexualité, ces femmes connaîtront une triste fin. La mort tragique de Marilyn donne raison à l'idée selon laquelle les femmes qui vivent leurs désirs seront finalement punies et qu'elles en mourront.

Toutes nous aimons regarder des femmes dans des films ou des revues pour la simple et bonne raison que nous nous réjouissons de leur beauté, mais peu d'entre nous avouent ou osent penser qu'elles éprouvent des réactions de pure sensualité à les contempler.

Cela influe en fin de compte sur les relations que nous entretenons avec nos semblables au travail ou au sein de la famille. Les femmes se sentent menacées et agacées par celles qui font naître ces sentiments. On ne pense pas que les émotions de désir dispensent de l'énergie, au contraire on le nie, le rejette. On croit qu'il faut se défendre contre les situations ou les êtres. N'est-ce pas étrange ?

Les femmes admirent et s'identifient donc en secret aux « déesses de la féminité » de l'Occident que sont Marilyn Monroe, Claudia Schiffer ou Madonna, et se sentent attirées par ces corps faits pour le plaisir et que l'on montre. Pourtant, elles aiment aussi raconter leurs déboires sentimentaux, leurs problèmes psychologiques, leur vie brisée. Comme si d'un côté notre admiration prenait racine dans la partie niée de notre moi que nous pouvons alors vivre à travers ces femmes splendides, et d'un autre côté nous ne pouvions faire le deuil de préjugés sociaux qui considèrent l'exhibitionnisme comme un comportement déviant, comparable au narcissisme.

Montrer son corps est une ancienne forme de la sexualité et non un préliminaire automatique à l'acte sexuel. C'est un des aspects de la vie qui concourt au bien-être physique. Nous avons des restes de cette coutume dans le fait que les femmes font leurs courses ensemble, essaient leurs vêtements, les confectionnent ou les échangent. Ce sont là des activités sensuelles qui font partie des rares situations au cours desquelles les femmes regardent le corps d'une autre femme et ont droit d'en parler. Voilà une des raisons qui expliquent pourquoi elles aiment tant feuilleter les magazines féminins et pourquoi cette activité est beaucoup plus importante qu'on ne le croit.

La sensualité entre femmes est quelque chose de positif. Nos corps sont beaux, et il n'y a rien de mal à les regarder. C'est bon de se réjouir de son propre corps. Mais le plus souvent nous le nions et réagissons parfois avec agressivité, comme si nous nous sentions quasi attaquées.

C'est la peur inavouée du corps féminin qui constitue un des plus gros obstacles faisant barrière à la solidarité des femmes sur leur lieu de travail, entre amies et dans la famille. Nous devrions dépasser cette peur anormale que nous avons de regarder ou de toucher le corps d'une femme. Cette peur nous a été insufflée par notre culture – ceci dit en passant, cette aversion pour le corps n'existe en Occident que depuis deux mille ans et n'existe pas dans d'autres cultures ; allez dans un hammam et vous verrez des femmes heureuses de se regarder et de se toucher !

Même quand nous regardons une femme, nous ne la percevons pas vraiment. Nos têtes sont tellement encombrées de ces « ça ne se fait pas » que nous ne percevons ni nous-mêmes, ni notre potentiel, ni notre force ou notre pouvoir. Si pourrait-il que nous les femmes, nous ne nous soyons pas encore remises des bûchers sur lesquels brûlèrent les sorcières pendant trois siècles ? Des siècles d'intolérance qui ont réduit la femme à son rôle de mère et d'épouse, l'amputant de sa sexualité. Des siècles qui ont considéré la femme comme la créature du Diable, l'ont placée du côté de la folie, du danger et de l'irresponsabilité. Peut-être cette peur est-elle à l'origine de notre difficulté, toujours d'actualité, de fonder des partis politiques et d'élire des femmes. Par le truchement de notre inclination sexuelle, nous prouvons à l'ordre social régnant que nous lui sommes fidèles. Les femmes ont le droit de travailler ensemble, d'avoir des amies et même d'être lesbiennes tant que cela reste un phénomène marginal et que la relation avec l'autre femme reste invisible. Pas question de se tenir par la main en public ! Le corps des femmes doit leur servir à mettre des enfants au monde, ce qui est utile à la société, et non à leur faire ressentir du plaisir.

En fin de compte, l'exploitation de la femme passe à travers son corps, sous la forme de directives religieuses et sociales et par la législation différente selon les ordres en vigueur dans les sociétés. Cela ressort nettement de la Charte des Nations unies concernant le droit des femmes qui a été promulguée à Pékin en 1995 et qui traite presque exclusivement de questions liées à l'autodétermination sexuelle des femmes.

Le monde restera divisé en deux camps tant que la sexualité des femmes sera tributaire des hommes, tant qu'elles ne se prendront pas en charge émotionnellement, tant qu'elles ne reconnaîtront pas leur potentiel !

La contradiction des sentiments

Les couvertures de revues, la popularité des stars bisexuelles telles que Madonna et Prince, la mode, les slogans des gays et des lesbiennes, les marches contre le Sida ainsi que les recherches sur ce sujet, font réfléchir un nombre de femmes plus important que jamais sur la possibilité d'avoir une relation intime avec une autre femme :

« Je ressens parfois la chaleur que me dispense mon amie comme étant pour ainsi dire sexuelle, et je la désire presque. Mais jamais je ne lui ai dit que j'éprouvais ce genre de choses, elle pourrait avoir peur de moi. »

« Je me sens très attirée par une femme et je crois que c'est réciproque, mais j'ai peur de faire le premier pas. Je ne sais pas comment on se comporte physiquement avec une femme, je n'en ai jusqu'ici jamais eu l'occasion. »

« Je n'ai encore jamais eu de rapport sexuel avec une femme, mais j'en ai très envie. Mais je ne sais pas si je voudrais aller jusqu'à l'orgasme. L'idée de pratiquer un cunnilingus ne me plaît pas spécialement. »

« Je peux parfaitement comprendre pourquoi une femme en désire une autre, bien que je ne connaisse pas de lesbienne. J'ai une très bonne amie qui est divorcée. Nous avons brièvement parlé de ce sujet, mais il semblerait que nous soyons toutes les deux hétérosexuelles. J'ai remarqué d'ailleurs que nous ne nous sommes jamais touchées. Avons-nous peur d'être tout compte fait des lesbiennes et de ne pas savoir comment nous y prendre ? Parfois, j'aimerais beaucoup essayer. Mais je suis aussi très contente de cette situation de fait. »

Une femme décrit ce qu'elle aimerait faire si elle osait : « J'aimerais beaucoup masser une femme que j'apprécie et qui m'attire, faire petit à petit monter son excitation sexuelle, puis l'aimer lentement, faire une pause, discuter, puis l'aimer de nouveau, puis dormir avec elle. J'aimerais avec son aide mieux me connaître. Mais je n'ose pas. »

L'idée d'être lesbienne déclenche d'abord le doute de soi et marginalise la femme : « J'adore faire l'amour avec un homme, mais je suis curieuse de connaître les femmes. Ça a l'air de ne pas poser de problème insurmontable, mais ça m'énerve. J'en ai touché un mot à mon fiancé, j'ai fait des allusions, mais nous n'en avons pas encore parlé franchement. C'est bizarre, car nous sommes tous les deux très libéraux en ce qui concerne les choses du sexe. Je ne pourrai partager avec personne cette partie de mon moi tant que je ne tirerai pas cette affaire au clair. Et je suis encore loin du compte. Ce n'est pas que mon ami n'accepterait pas cette partie de moi, c'est moi qui ne l'accepte pas tant que ça. »

« J'aime la femme avec qui je partage un appartement. Pendant un temps, j'ai cru que j'étais amoureuse d'elle. Je lui en ai parlé et elle m'a dit qu'il était normal d'éprouver de tels sentiments. Nous avons essayé d'avoir des relations homosexuelles, mais ce n'était pas pour nous. Maintenant, nous nous rencontrons toujours avec d'autres amies. Ça marche quand nous sommes avec d'autres gens. C'est comme ça que j'ai été élevée, mon père exerçait une telle influence sur moi que je ne peux pas montrer mon affection ou que je donne la priorité aux sentiments des autres. Je suis pleine de contradictions. Je ressens une chose et je fais le contraire. »

Les femmes répètent souvent qu'elles n'auraient rien contre une expérience lesbienne si l'occasion se présentait. Qu'est-ce que cela veut dire ?

« Je crois que si je n'ai pas de relation avec une femme, c'est seulement parce que je ne suis pas habituée à prendre l'initiative. Nous, les femmes, nous n'avons pas l'habitude de faire le premier pas, c'est pourquoi aucune ne le fait ! Il est difficile de surmonter ce conditionnement. »

« Jusqu'ici je n'ai fait l'amour avec une femme que verbalement. Je crois que les femmes peuvent s'aimer tout simplement en se parlant d'une certaine façon, en tout cas, moi, j'en suis capable. »

Ces femmes veulent-elles vraiment s'aimer, ou cherchent-elles une manière d'exprimer leur amour, leur désir ou leur curiosité qui ne serait ni platonique ni sexuelle ?

« Quelques-unes de mes amies sont lesbiennes. Je pensais que je n'avais aucun a priori sur l'amour hétérosexuel ou homosexuel. Mais quand elles parlent de leurs relations, je me sens sur la défensive. Visiblement, j'ai des sentiments plutôt compliqués, positifs et négatifs. »

« Quand j'allais à l'école, j'avais remarqué que les femmes m'attiraient. J'ai cependant refoulé mes sentiments. Tout le monde ressent la même chose, me disais-je. Tout va bien tant qu'on ne les exprime pas. Il ne m'est jamais venu à l'idée que je pourrais être lesbienne, car je prenais les homosexuelles pour des malades et des anormales, et moi, je n'étais ni l'un ni l'autre. Je n'ai jamais parlé de mes sentiments à personne. »

Avant d'entreprendre ce type d'expérience, on devrait se demander si on a été déçue par les hommes. Si on n'a pas une liaison avec une femme qui n'assumera pas les sentiments de culpabilité inhérents à un comportement marginal. On devrait également se demander si on ne l'exploite pas au même titre qu'on a été exploitée par les hommes.

« J'aurais peur de l'exploiter si je me contentais de faire des expériences avec elle. Et si l'une ou l'autre n'appréciait pas l'amour homosexuel, c'en serait fini de notre amitié. »

C'est en effet une bien mauvaise idée de s'approcher d'une femme seulement pour s'amuser – à moins qu'elle ne connaisse les règles du jeu. Ne vous comportez pas avec les femmes de façon malhonnête, ne les traitez pas comme si elles ne comptaient pas, comme si elles étaient des individus de deuxième classe ! Personne n'est lié à vie avec une femme sous prétexte qu'on a eu avec elle une histoire d'amour. On ne reste pas lesbienne ou un soutien de la cause des femmes *ad vitam aeternam.* Tout comme aucune femme n'est vouée aux gémonies parce qu'elle met fin à une liaison amoureuse avec un homme.

Une jeune femme raconte qu'elle aime sa meilleure amie et son petit copain. Elle se demande avec qui elle doit vivre, envers qui elle doit se montrer loyale :

« Je ne sais pas pourquoi je me rends presque tous les soirs chez lui pour être à ses côtés. Est-ce que je le désire tout simplement parce qu'il est un homme ? Je sais qu'il ne me rend pas aussi heureuse qu'Ella. Pourtant, je ne peux pas m'imaginer vivre avec elle pour toujours. Je veux avoir une maison, un enfant – mais je prends la pilule pour ne pas être enceinte de mon ami. Je suis décontenancée, je ne suis pas sûre de savoir quoi faire. Je préférerais de loin vivre avec elle, je l'aime plus que personne au monde, je le sais. Je l'admire. Elle est plus belle qu'Alex. Mais il est mieux que tous les autres hommes que j'ai connus jusqu'ici. Pourquoi est-ce que je suis avec lui et pas avec elle ? »

De nombreuses femmes remarquent avec étonnement qu'elles sont effrayées à l'idée d'embrasser une femme. Elles sont surprises, car elles n'arrêtent pas d'entendre que le corps des femmes n'est plus de nos jours un tabou. Les hétérosexuelles doutent fort de pouvoir assumer un contact physique intime avec leur meilleure amie :

« J'aime Claire, j'aime tout d'elle. Mais aurais-je vraiment envie de caresser son sexe ? Celui-ci est certainement mouillé et poisseux, pourquoi la toucherais-je donc ? Et comment est-ce que j'imagine qu'il sent ? Je ne pense pas consciemment à de telles choses, mais j'évite de regarder le bas de son corps. Je me sentirais gênée de le voir. Je ne sais pas quoi en penser. Même maintenant, je dois m'obliger à me l'imaginer, me contraindre à analyser mes propres sentiments. Non pas que je veuille avoir une liaison avec elle, je voudrais seulement qu'elle soit la compagne de ma vie. »

La plupart des femmes parlent cependant de façon extrêmement positive de leurs relations avec des femmes quand elles ont essayé. Elles disent qu'il n'est pas difficile de trouver le comportement adéquat :

« Avoir une relation physique avec une autre femme est la chose la plus naturelle au monde. On a un très gros avantage : on sait ce qui donne du plaisir à une femme. Le mot clé est la douceur. Il faut se tenir à cette règle d'or. En ce qui concerne le côté émotionnel, le fait qu'on soit amies apporte un plus question confiance, indispensable à une relation physique satisfaisante. Je n'ai eu de rapports sexuels qu'avec des femmes avec qui j'avais avant une relation amicale, ce qui n'a jamais été le cas avec les hommes. »

Bien sûr, vous n'êtes pas tenues à ce genre d'expériences, mais quand une femme n'a pas trouvé l'homme qui lui faut, ne devrait-elle pas penser à tisser une relation d'un genre nouveau qui inclurait aussi la tendresse physique ? En d'autres termes, ne devrait-elle pas remplacer l'homme par une femme ?

Je ne veux pas dire que toutes les femmes sont en fait lesbiennes, mais seulement que toutes devraient se demander au moins une fois ce que cela signifierait de mener leur vie pendant un certain temps en prenant appui sur les femmes, et si elles y trouveraient la sécurité et le bonheur.

VIII

Comment les femmes peuvent changer l'avenir

« Question : Si vous pouviez changer le monde, préféreriez-vous donner plus d'influence aux femmes ou bien transformer les conceptions des hommes ?

Réponse de la femme : Accorder plus d'influence aux femmes !

Question : Quelle sorte d'influence ?

Réponse de la femme : Les femmes devraient avoir plus souvent l'occasion de défendre elles-mêmes leur cause. Ainsi, elles pourraient imposer leurs visions, au lieu de continuer à attendre que quelqu'un leur montre la voie. »

La décision dépend de vous : vous pouvez envisager de vivre de façon plus positive avec vos amies, de changer la relation que vous avez avec votre fille ou votre mère. Vous êtes toutes d'accord sur un point : vous voulez améliorer votre vie privée et le monde. Comment mettre ce projet en pratique ? Comment devenir plus heureuses et avoir plus de pouvoir ?

Les femmes aiment les hommes, mais affirment également que la vie commune avec eux leur est souvent pesante. Les femmes n'ont pas l'impression d'être les égales des hommes en droit que ce soit en privé, dans le monde du travail ou dans le domaine politique. Leurs salaires prouvent qu'elles ne le sont pas malgré l'évolution positive des vingt dernières années. Les hommes ou le système leur barrent bizarrement le chemin. Les relations personnelles avec les hommes sont frustrantes, quand l'homme par exemple ne participe pas aux tâches ménagères ou qu'il évite de s'engager affectivement.

De plus en plus d'hommes souhaitent avoir des relations égales, veulent que l'amour soit une joie et non plus une menace, et ils considèrent ce sentiment comme aussi important que leur métier. Mais pour les femmes, il existe encore un trop gros déficit. Je ne mentionnerai que le plus flagrant : où sont les présidentes de la République ? où sont les 40 ou 50 % de femmes à l'Assemblée nationale ?

Bien sûr, nous sommes tous obligés de travailler pour gagner notre vie. Cependant, le travail a pour les hommes une valeur symbolique supplémentaire. Le travail leur permet d'être reconnus par d'autres hommes. Les heures supplémentaires soulignent leur propre importance, engendrent un sentiment de solidarité comme sur un terrain de football, même si certains se sont aperçus de la supercherie et aimeraient changer l'ordre social, accorder plus de pouvoir aux femmes.

Plus soudées que par le passé, nous ne nous imposons pas avec assez d'efficacité. Nous ne croyons pas suffisamment en nous, sinon comment expliquer que nous n'élisions pas des femmes politiques aux instances les plus hautes, lesquelles représenteraient nos intérêts, alors que nous formons la majorité ?

Les femmes ont des problèmes de solidarité, leurs relations sont empreintes de susceptibilité, sinon pourquoi ne créeraient-elles pas comme les hommes des systèmes d'entraide qui fonctionnent, des partis politiques, des équipes sportives, des fédérations ? Avons-nous peur de contrer l'ordre social ? Le plus grand problème, qui n'a pas été suffisamment exploré, réside dans le fait que notre ordre social interdit aux femmes de s'unir. Ce tabou est enraciné si profondément qu'on ne le discute même pas. Mes enquêtes sont pour l'instant arrivées à la conclusion suivante : le tabou de « l'amour lesbien » camoufle celui beaucoup plus important de la solidarité féminine.

Il n'est pas nécessaire que toutes les femmes s'aiment, il suffit seulement qu'elles ne considèrent pas automatiquement les hommes comme plus importants. C'est qu'il faut comprendre par solidarité féminine. Pouvons-nous atteindre cet objectif ? Ce ne sera pas facile car toutes les représentations du pouvoir renvoient à des images et à des comportements d'hommes. Ça s'inscrit en nous comme si c'était inné et, par conséquent, en tout état de cause, juste. Pourrons-nous jamais rompre ce cercle vicieux ? Une autre raison se cache derrière notre excuse (réaliste et non lâche) selon laquelle nous avons intériorisé notre statut de seconde zone et que nous ne savons comment en sortir. Nous pourrions donner à notre peur d'autres noms : manque d'estime de soi ; peur du pouvoir masculin ; peur de se montrer loyales avec les femmes ; confiance aveugle dans l'ordre social et même peur les unes des autres. Tout est possible. Nous avons assimilé à la perfection les règles de notre ordre social, nous comportant avec les femmes avec plus de légèreté et de désinvolture.

Si les femmes ne s'accordent pas une reconnaissance mutuelle, c'est à cause de cette peur si profondément ancrée en elles, qui imprègne tout, qu'un jour on les laisse tomber ; la peur qu'une femme ne puisse pas tenir sa promesse et qu'elle vous quitte sitôt qu'un homme surviendra, vous laissant là, seule, abandonnée, ridicule.

Pourquoi une crainte aussi forte ? La plupart des femmes ne se rendent pas compte à quel point les tabous pèsent sur les liens qui les unissent, dont celui qu'une entente féminine pourrait blesser « l'orgueil masculin » et les exclure du champ social.

En vérité, la raison des tensions existant entre les femmes réside dans la peur que, désobéissant aux règles tacites de l'ordre social – dans la vie privée ou professionnelle –, elles soient châtiées. Toujours la vieille antienne que pour toute liberté il y a un prix à payer.

Les hommes aussi sont mesquins et se jalousent, eux aussi luttent pour le pouvoir. Ils sont encore plus conformistes que les femmes. L'ordre social défend en fin de compte aux femmes de tisser des relations qui excluent les hommes. Pour ces derniers, c'est le contraire qui est vrai : la société les a toujours encouragés à s'unir, à exclure les femmes, à enfermer celles-ci dans la sphère du domestique, à placer leur devoir envers Dieu et la patrie avant leurs sentiments pour leur femme et leur famille.

Dans son ouvrage *Sexe, idéologie, islam,* Fatima Mernissi explique que le plus grand problème de l'islam ne réside pas dans la relation entre les sexes, mais plutôt entre les hommes et Allah. Selon la religion musulmane, l'amour qu'un homme ressent pour une femme ne doit pas concurrencer le devoir sacré qu'il a vis-à-vis d'Allah. C'est pourquoi il ne faut pas que l'homme considère l'amour qu'il porte à une femme comme important, il n'a pas le droit de ressentir une trop vive passion amoureuse. Dans *Les Femmes et l'Amour,* j'en étais arrivée à la même conclusion.

Les femmes ne vivent pas selon ce schéma binaire,

elles ne se sentent pas sommées de choisir entre devoir et sentiments. Cette conception du monde qui leur a été imposée ne correspond pas à leur tempo intérieur. Plus sensibles à l'harmonie générale, au climat psychologique, elles appréhendent chaque situation comme un tout et savent que l'affection en est le ciment. Si les femmes pouvaient exprimer leurs émotions sans les considérer comme un handicap ou une faiblesse, elles pourraient transformer leur vie. Y puiser l'énergie nécessaire à créer des relations nouvelles entre elles, fédérer leurs activités, créer un véritable contrepoids social. Il n'y a pour elles aucune raison d'opposer bonheur privé et réussite professionnelle. Mieux, celles qui réussissent déclarent que c'est parce qu'elles ont privilégié l'épanouissement personnel, et que c'est une lutte de chaque instant dans un monde où prévaut encore le vieux schéma moralisateur : « Si tu gagnes sur le terrain professionnel, tu y perdras dans ta vie privée. » Combien de femmes ont été marquées par cette menace implicite : « Si tu sors du rang, tu en paieras le prix » ? Si l'on poursuit ce chantage qu'a exercé la société sur les femmes, on comprend mieux leur blocage à l'égard des autres femmes. Si elles s'éloignent du schéma traditionnel qui veut qu'elles se marient, qu'elles ne dispensent qu'aux hommes leur incroyable réserve d'amour, elles courent à leur perte. Perte de leurs repères sociaux, perte du bonheur tel qu'il a été défini depuis des siècles. Mais n'y a-t-il pas d'autres conceptions du bonheur et de l'amour ?

Notre poids économique est plus important que jamais, nous savons mieux ce que nous désirons. Nos chances – du moins en ce qui concerne les pays industrialisés occidentaux – d'être personnellement plus heureuses et plus libres sont plus grandes que jamais. C'est pour les femmes le bon moment de consolider leurs relations, d'utiliser les chances qui leur sont données de tirer le meilleur parti de leur nouvelle situation.

Il est regrettable que le progrès qu'a fait la position sociale de la femme ait déclenché mondialement une réaction intégriste. Dans certains pays, on force les femmes, en usant de la terreur, à porter un voile, et on les boucle chez elles. Rien n'arrête les extrémistes violents à imposer leurs ambitions. Aux États-Unis, ils assassinent le personnel qui travaille dans des cliniques pratiquant les interruptions volontaires de grossesse ; en Algérie, ils tuent d'innombrables femmes parce qu'elles ne portent pas la tenue islamique, et en Afghanistan, les Talibans vont encore plus loin, les assimilant à des animaux, indignes de travailler, de penser, de subvenir à leurs besoins, et cela sans que les gouvernements occidentaux les condamnent ouvertement. En règle générale, ces opérations sont menées sous le couvert de la religion si bien qu'aucun pays ne croit avoir le droit d'intervenir. C'est ainsi qu'une minorité réussit à noyauter des systèmes démocratiques fondés sur le pouvoir de la majorité.

La religion est une des dimensions essentielles de l'existence humaine. Toutefois, ces groupes « religieux » organisés, agressifs et intolérants veulent exercer sur les femmes une mainmise intolérable, ils ignorent les avantages que leur procureraient des relations d'égal à égal. Qu'est-ce que la religion ? Les êtres humains ont vécu pendant des millénaires sans institutions religieuses, et ils n'étaient pas plus immoraux ou moraux que nous aujourd'hui. Le judaïsme, le christianisme et l'islam sont des religions monothéistes, et leur Dieu est masculin. Les répercussions que cela a eues sur notre ordre social et notre psychisme sont énormes et empêchent le développement d'ordres sociaux, de religions et de styles de vie alternatifs plus favorables aux femmes.

La nouvelle liberté des femmes, leur autonomie financière qui leur permet de réfléchir à l'amour et de choisir qui elles veulent aimer ont certes transformé l'ordre social. La société a besoin de nouveaux idéaux, de nouveaux rêves, et de redéfinir ses objectifs. Les femmes qui réfléchissent sur leur vie personnelle et qui tentent de comprendre son importance sont en train de vivre une révolution, et elles vont générer une nouvelle culture. Nous nous trouvons peut-être sur le chemin qui mène du patriarcat à un nouvel ordre. Mais la résistance de ceux qui se fondent sur la religion et les racines culturelles croît parallèlement. Ils se désignent comme étant des individus vivant dans la crainte de Dieu, mais ce sont en fait des loups déguisés en agneaux : le patriarcat qui concentre ses forces et s'arc-boute contre le changement.

Quelle doit être la prochaine étape pour que les femmes défendent et élargissent leurs droits ? Doivent-elles agir en tant qu'individus ou en tant que femmes appartenant à ce monde ? En Occident, nous devons nous efforcer, à titre individuel, de prendre plus clairement position sur notre statut particulier de femmes, notre corps et nos désirs.

Ce serait bien sûr merveilleux si la société se focalisait moins sur le sexe des individus, si nous n'étions pas obligées de nous soucier de ce problème. Mais dans l'état actuel des choses, à peine est-on né qu'on nous différencie déjà par le sexe sur chaque formulaire et ce jusqu'à la fin de notre vie. Comme c'est un fait établi, nous devons dire ce que nous pensons des questions relevant de notre propre sexe.

Cela ne signifie pas que les femmes ne devraient pas vivre avec les hommes ni les aimer. Cela signifie bien plus qu'elles devraient les aimer pour leur personnalité propre et non parce qu'elles les supposent mieux ou plus importants pour la simple raison qu'ils sont des hommes. Plus les femmes oublieront leurs rivalités, plus elles se considéreront comme des êtres merveilleux, et plus elles amélioreront le statut de la femme.

Regardons comment nous nous transmettons des signaux erronés. Nous croyons peut-être ne pas avoir d'idées reçues à l'encontre des femmes. Mais elles sont enracinées si profondément en nous que nous ne remarquons même pas quand nous les exprimons.

Les erreurs courantes

1. Faire faux bond à une amie

Les femmes ne cessent de raconter combien elles sont blessées quand leurs amies annulent un rendez-vous à cause d'un homme qui a téléphoné au dernier moment.

« Mes amies ne se gênent pas pour annuler un rendez-vous dès qu'un mec leur téléphone. Je trouve ça dégueulasse. Je ne peux pas souffrir qu'on me prenne pour la cinquième roue du carrosse, comme si c'était évident que je ne bougerais pas de ma place. Jamais je ne me permettrais d'agir ainsi. »

« Une fois, j'ai annulé un rendez-vous avec une femme parce que j'avais encore eu une effroyable dispute avec mon petit ami et qu'il venait de téléphoner pour me proposer de dîner avec lui. Elle s'est mise en colère et m'a dit : "On dirait que la relation que tu as avec lui t'importe plus que celle que tu as avec moi !" Ça m'a plutôt énervée, et j'ai essayé mentalement de me justifier.

Finalement, je me suis rendu compte qu'elle avait eu raison. Mon attitude à son encontre était vexante, et je ne le voulais pas. Dorénavant, je ne donne pas automatiquement la priorité aux hommes. Mes amies sont très importantes pour moi. Les devoirs que j'ai envers elles sont aussi importants que ceux envers mes amis. »

Il arrive que certaines femmes ne remarquent même pas à quel point elles vexent leurs amies : « Elle pense que dès l'instant où elle a un mec, tout est différent. Cela ne lui vient même pas à l'idée que nous pourrions encore faire des choses ensemble. »

2. Les sempiternelles discussions sur les hommes

Les femmes aiment parler à leurs amies de leurs relations et apprendre ce qui s'y trame, mais parfois les femmes ont l'impression de ne pas être prises en considération en tant qu'êtres humains, comme si leurs amitiés se fondaient sur leur intérêt pour les hommes et non sur l'intérêt qu'elles éprouvent les unes pour les autres.

« Je n'ai jamais aimé les femmes qui n'arrêtent pas de parler de leurs histoires avec les hommes. Cela me dérangeait de ne pas pouvoir discuter de nos propres projets et problèmes. »

« J'avais l'impression que la fonction que j'exerçais dans sa vie était de parler des hommes avec qui elle sortait. Il devrait y avoir d'autres choses dans une amitié, pas seulement des conversations sur les types et sur les sentiments que ceux-ci inspirent. »

Les discussions sur les hommes et les sentiments amoureux sont, je crois, une façon pour les femmes d'avoir entre elles des échanges érotiques, faciles à poursuivre et acceptés par la société. De nombreuses femmes aiment faire leurs achats ensemble et parler des hommes. Elles font ainsi d'une pierre deux coups : grâce à la nourriture et à l'habillement, on prend part au côté charnel de l'autre et en même temps on parle du désir, de la haine, du rejet, de l'amour et de la passion, on revit ses émotions en les relatant et en y faisant participer l'auditrice. Cela peut procurer un immense plaisir.

La plupart des femmes de mes enquêtes n'ont rien contre les conversations sur les hommes – maris, amants et amis –, elles assurent plutôt que ces discussions sont fascinantes. Celles-ci seraient d'un grand secours pour voir clair dans ses sentiments et trouver le comportement adéquat.

Lors de ces conversations, les femmes créent aussi, à mon avis, leur propre système de valeurs. Ces discussions sont loin d'être futiles, mais constituent au contraire des réflexions psychologiques dans un langage quotidien. On discute des comportements d'un homme et on tente de découvrir les buts qu'il poursuit dans l'amour. Que ressent-il vraiment ? Pourquoi a-t-il cette attitude-là ? Grâce à cela, les femmes réussissent à voir clair dans leurs propres sentiments, analysent leur situation en perspective et trouvent comment elles pourraient ou devraient remodeler leur relation.

Le dialogue entre amies est particulièrement important parce que la société nie volontiers que les femmes subissent des agressions affectives et psychologiques. Les femmes ont tendance à croire qu'elles sont à la source des problèmes de couple, qu'elles devraient aller consulter un psychiatre et changer. L'aide qu'elles reçoivent de leurs amies, quand celles-ci les soutiennent psychologiquement, est sans prix et extrêmement bénéfique.

3. Préférence automatique des hommes

Certaines femmes sont profondément blessées quand elles s'aperçoivent que les femmes donnent automatiquement la préférence aux hommes et qu'elles les traitent avec déférence :

« Beaucoup d'hommes sont pourris par les femmes parce que celles-ci les traitent comme des dieux. A mon avis, les femmes sont spirituellement et émotionnellement beaucoup plus fortes que les hommes. Elles sont beaucoup plus résistantes. Je trouve horrible que les femmes s'imaginent avoir besoin d'un homme et qu'elles lui accordent toujours une plus large place. »

Notre culture récompense celles qui s'occupent des hommes, mais les femmes modernes le font de moins en moins. « De nos jours, il est difficile de trouver une femme bien », disent quelques hommes en reprenant le texte d'une chanson des années vingt, et ils se rendent dans les pays pauvres tels que Cuba, les Philippines, l'Indonésie et d'autres parties de l'Asie pour traquer la « femme bien », celle qui les regardera avec admiration.

4. Quand les femmes se taisent : autocensure en présence des hommes

« Mon amie a des opinions très tranchées, je trouve ça super quand elle fonce. Mais dès qu'un homme surgit, elle ne fait qu'opiner du bonnet ! »

Les femmes se plaignent de ce que leurs amies se font toutes petites en présence d'un homme, qu'elles n'expriment pas ce qu'elles pensent ou qu'elles retirent tout de suite ce qu'elles ont dit dès qu'un homme montre le moindre désaccord !

Remarquons, pour notre défense, qu'il est parfois difficile de nous faire entendre. Les gens ont appris à ne pas écouter les femmes, car « seuls les hommes peuvent avoir des pensées profondes ». C'est très déplaisant de parler quand il faut d'abord obliger tout le monde à vous écouter ! Cette dynamique tourne en général au désavantage des femmes d'une façon subtile et exaspérante.

On empêche les femmes d'exprimer leur opinion en exigeant d'elles qu'elles ne remettent pas en question les tenants et aboutissants, ne serait-ce que succinctement, et en leur rappelant combien les hommes détestent les femmes agressives. Inconsciemment, elles deviennent ces femmes qui flattent les hommes et qui changent de comportement en leur présence. Elles gardent par-devers elles ce qu'elles pensent et ne contredisent pas leurs interlocuteurs masculins ; cela a pour conséquence que ceux-ci se retrouvent en position de héros.

Une femme décrit comment son comportement a changé :

« J'avais toujours l'impression de devoir être gentille – c'est lamentable mais vrai – notamment avec les hommes, jusqu'à ce qu'un jour, lors d'une fête, je voie dans la glace avec quelle soumission je me comportais. J'ai alors décidé qu'à l'avenir je serais moi-même, même si cela signifiait que je sois moins séduisante, c'est-à-dire plus menaçante aux yeux des hommes. Je n'avais plus le choix, si je voulais encore exister à mes propres yeux. »

Que se passe-t-il quand une femme se tait en présence des hommes, quand des amies ne peuvent plus se fier les unes aux autres ? Voici l'analyse d'une femme :

« Les femmes s'écharpent quand elles ont l'impression qu'il leur faut choisir entre s'accrocher aux basques d'un homme ou bien laisser tomber leurs amies ou les femmes avec qui elles travaillent. Nous avons peur des hommes. Mais pourquoi devrait-on faire deux poids deux mesures ? Nous les laissons nous taper dessus et puis nous les traitons avec gentillesse, jamais on n'accepterait cela d'une femme. C'est normal d'avoir peur du pouvoir, mais nous devons lutter contre. Nous devons être courageuses. Nous sommes capables de renverser cet ordre social, si nous nous dressons contre lui, si nous avons de l'estime les unes pour les autres et si nous sommes loyales. Il nous est interdit de nous laisser tomber. »

Les amitiés féminines existent dans une certaine mesure en dehors des structures sociales du pouvoir, indépendamment des jobs, des familles et de l'ordre social. Cette séparation confère aux amitiés une force et une importance particulières. Elles offrent aux femmes un lieu où elles peuvent être elles-mêmes et s'épanouir. L'affection que nous avons les unes pour les autres en dehors du monde réel donne à nos relations amicales une grande liberté. Mais il faut transférer cette liberté et cette franchise dans la vraie vie, elles doivent fonctionner au sein de l'ordre social pour transformer celui-ci.

Pouvons-nous prendre nos relations aux femmes assez au sérieux et en faire la base de notre pouvoir ? Cette question concerne notre avenir à toutes et définira la place de la femme pour des générations. Car si nous ne nous prenons pas au sérieux, nous ne serons pas suffisamment soudées pour changer les choses. Le respect que nous aurons les unes pour les autres remplira notre potentiel de pouvoir.

Sommes-nous assez fortes économiquement pour remplacer les figures masculines du pouvoir ? Pouvons-nous nous fier à notre puissance ? Pouvons-nous être des égéries et des associées en affaires ? Les femmes hésitent encore à s'unir financièrement, et il y a peut-être à cela une bonne raison. Économiquement parlant, les femmes ne sont pas encore tout à fait stables. Comme le formule Connie Ashton Myers dans les *Newsletter* du Coordinating Committee for Women in The Historical Profession :

« Une femme peut-elle sérieusement nier que sa place dépende en fin de compte du fait qu'elle courtise d'une façon ou d'une autre un homme ou un groupe d'hommes qui ont le pouvoir dans une institution sociale, que ce soit dans une entreprise multinationale ou dans la famille la plus restreinte ? » Étant donné que les hommes ont encore entre leurs mains l'essentiel du pouvoir économique et politique, nous aimerions sauvegarder nos liens avec cette société – et peut-être le voulons-nous aussi pour d'autres raisons.

Une femme raconte : « Les femmes de mon âge (j'approche de la trentaine) ont pris à leur compte les manières des hommes. Nous avons été éduquées à regarder les hommes avec admiration. Aujourd'hui, nous essayons de les imiter parce que nous pensons qu'ils sont mieux que nous. Je fais comme si j'étais dure, je contrôle la plupart du temps mes sentiments, j'affirme que je veux rester célibataire et indépendante – mais cela correspond-il à mes sentiments véritables ? Quand la femme nouvelle est dure, cela signifie-t-il vraiment qu'elle défie l'ordre social ? Ou n'est-ce pas plutôt du conformisme ? »

De nos jours, il n'est pas rare que des femmes évitent d'être soumises en jetant par-dessus bord les comportements qui leur sont traditionnellement dévolus. Au lieu de sourire, d'être serviables, affectueuses, tendres et féminines, elles sont agressives, dures, et sans états d'âme. Elles ressemblent en fin de compte aux hommes. Considéré superficiellement, cela nous semble un progrès, mais l'est-ce vraiment ?

Ce n'est pas très éloigné de la façon traditionnelle que devaient avoir les femmes pour prendre leurs distances avec le « féminin ». On assure encore aux hommes – de manière non verbale – que leurs valeurs ne sont pas remises en question. On les copie. Toutefois, les hommes eux-mêmes commencent à remettre en cause leurs propres valeurs. On a l'impression que les femmes sont prêtes à tout quand on voit comment elles essayent d'échapper par n'importe quel moyen à la catégorie « féminine ».

Quand on se comporte comme un homme, on ne s'engage pas spécialement dans la cause des femmes. C'est plutôt le contraire. Quand les femmes adhèrent à la culture masculine – parce que celle-ci est synonyme de prestige et de pouvoir –, le système masculin est valorisé.

Voulons-nous avoir le pouvoir ou bien changer notre mode de relations ? Devons-nous régner grâce au catalogue des valeurs féminines pour extorquer l'égalité ? Cela pose une question : comment peut-on répondre avec douceur à l'agression sans être perdante ?

Statistiquement de nombreuses femmes vivent maintenant célibataires (comme les hommes). En fait, dans la plupart des pays occidentalisés, la moitié de la population est célibataire. On entend souvent les femmes dire : « Pourquoi est-ce que je ne peux pas rencontrer l'homme idéal avec qui m'installer ? Pourquoi je ne tombe jamais sur le bon ? Je n'arrive pas à établir une liaison dans la durée. » Les mêmes femmes ont souvent une meilleure amie, une femme avec laquelle elles nourrissent une relation suivie.

Les femmes connaissent une intimité et un plaisir physique plus grand avec leurs amies femmes qu'autrefois. Pourquoi ne pas concevoir des relations d'un troisième type ? Celles-ci pourraient instaurer une nouvelle manière d'être plus proche et déculpabilisée, et concevoir cet échange non pas de façon anecdotique (en attendant de trouver un homme, de se marier, d'habiter avec lui) ou comme s'il s'agissait d'avoir quelqu'un à qui téléphoner quand le mari est absent, ou avant qu'il rentre, mais plutôt comme une assise fondamentale pour leur vie, un partenariat solide qu'elles revendiquent avec fierté.

Il n'y a pas de raison de limiter la tendresse physique à l'hétérosexualité ou à l'éducation des jeunes enfants. Comme je crois l'avoir démontré dans les quatre *rapports Hite* que j'ai publiés, le « sexe » est un édifice culturel, une façon rigide de codifier les besoins humains au service de l'activité reproductrice. Nous vivons une profonde mutation sociale qui redessine les rapports entre les sexes et entre les personnes de même sexe en prenant davantage en compte la vie privée et son éthique.

Quand les femmes auront appris à reconsidérer leurs relations, à les valoriser, quand elles auront admis qu'il puisse exister une nouvelle déclinaison de comportements humains basés sur la tendresse, les échanges et les projets communs, confiantes et réconciliées, elles pourront aborder l'avenir, fortes d'une énergie décuplée, et poser les bases d'une société plus juste et plus harmonieuse.

Bibliographie

ALCOTT, Louisa May : *Little Women*, Londres, 1984 ; traduction française : *Les Quatre Filles du docteur March*, Hachette, coll. « Grandes Œuvres », 1989.

ARIÈS, Philippe : *L'Enfant et la vie familiale sous l'Ancien Régime*, Le Seuil, coll. « Univers historique », 1973, « Points », 1975.

ASHTON MYERS, Connie, citée dans *Newsletter of CCWHP* (Coordinating Committee of Women in the Historical Profession), juin 1992.

BEAUVOIR, Simone de : *Le Deuxième Sexe*, Gallimard, coll. « Idées », 1968.

CHESLER, Phyllis : *Mothers on Trial*, New York, 1986.

DUELLI KLEIN, Renate : *Rethinking Sisterhood : Unity in Diversity*, New York (pas de date de parution).

ELIAS, Norbert : *Über den Prozeß der Zivilisation*, Francfort, 1976 ; traduction française : *La Civilisation des mœurs*, Calmann-Lévy, 1991.

FADERMANN, Lillian : *Surpassing the Love of Men : Romantic Love and Friendship between Women from the Renaissance to the Present*, New York, 1981.

FOUCAULT, Michel : *Histoire de la sexualité*, t. 2 : « L'Usage des plaisirs », Gallimard, 1984.

GIMBUTAS, Marija : *The Goddess and Gods of Old Europe : Myth and Cult Images*, Berkeley et Los Angeles, 1974.

GREEN, Richard : Conférence au Kinsey Institute, University of Illinois, Bloomington, 1988.

GRIFFIN, Susan : *Pornography and Silence : Culture's Revenge against Nature*, New York, 1981.

HITE, Shere : *The Hite Report on Female Sexuality*, 1976 ; traduction française : *Le Rapport Hite*, Robert Laffont, coll. « Réponses », 1977.
– : *The Hite Report on Male Sexuality*, 1981 ; traduction française : *Le Rapport Hite sur les hommes*, Robert Laffont, coll. « Réponses », 1983.
– : *The Hite Report, Women and Love*, 1987 ; traduction française : *Les Femmes et l'Amour : un nouveau rapport Hite*, Stock, coll. « Documents », 1988.
– : *The Hite Report on the Family*, 1994.
– : *Flying with Jupiter : The Divine Comedy of Ariadne and Jupiter*, 1994.
– : *The Hite Report on Hite*, 1996.

HITE, Shere, COLLERAN, Kate : *Good Guys, bad Guys and other Lovers* ; traduction française : *Les amants, les bons et les autres*, Acropole, 1990.

KINSEY, Alfred, et al. : *Sexual Behaviour in the Human Female*, New York, 1965.
– : *Sexual Behaviour in the Human Male*, Philadelphie, 1970.

MEAD, Margaret : *Male and Female,* 1950 ; traduction française : *L'un et l'autre sexe,* Gallimard, coll. « Essais », 1988.

MERNISSI, Fatima : *Beyond the Veil,* Londres, 1991 ; traduction française : *Sexe, idéologie, islam,* Éditions Tierce, 1987.

RAYMOND, Janice G. : *A Passion for Friends : Toward a Philosophy of Female Affection,* Boston, 1986.

SCHWARTZ, Pepper et BLUMSTEIN, Philip : « Bisexuality : Some Sociological Observations » (Bisexualité : quelques observations sociologiques), conférence donnée dans le cadre de la Chicago Conference on Bisexual Behaviour, 6 octobre 1973.

SEYRIG, Delphine : Film documentaire, « Les femmes au cinéma », Musée d'Art moderne, Paris, 1977.

SMITH-ROSENBERG, Caroll : *Disorderly Conduct : Visions of Gender in Victorian America,* New York, 1985.

STEIN, Gertrude : *The Autobiography of Alice B. Toklas* ; traduction française : *Autobiographie d'Alice Toklas,* Gallimard, coll. « L'Imaginaire », 1980.

STEINEM, Gloria : *Outrageous Acts and Everyday Rebellions,* New York, 1983.

TCHEKHOV, Anton : *Les Trois Sœurs,* Théâtre complet, Gallimard, coll. « Folio », 1988.

WYLIE, Philip : *Nation of Vipers,* New York, 1942.

Table

La composition de cet ouvrage
a été réalisée par I.G.S. Charente Photogravure,
à l'Isle-d'Espagnac,
l'impression et le brochage ont été effectués
sur presse Cameron dans les ateliers
de Bussière Camedan Imprimeries
à Saint-Amand-Montrond (Cher),
pour le compte des Éditions Albin Michel.

Achevé d'imprimer en janvier 1999.
N° d'édition : 17906. N° d'impression : 990092/4.
Dépôt légal : février 1999.